MELHORES POEMAS

Alphonsus de Guimaraens Filho

Direção
EDLA VAN STEEN

MELHORES POEMAS

Alphonsus de Guimaraens Filho

Seleção
AFONSO HENRIQUES NETO

São Paulo
2008

© Afonso Henriques de Guimaraens, 2006

1ª Edição, Global Editora, São Paulo 2008

Diretor Editorial
Jefferson L. Alves

Gerente de Produção
Flávio Samuel

Coordenadora Editorial
Ana Paula Ribeiro

Assistente Editorial
João Reynaldo de Paiva

Revisão
Ana Lucia S. dos Santos
João Reynaldo de Paiva

Projeto de Capa
Victor Burton

Editoração Eletrônica
Antonio Silvio Lopes

Dados Internacionais de Catalogação na Publicação (CIP)
(Câmara Brasileira do Livro, SP, Brasil)

Melhores poemas Alphonsus de Guimaraens Filho / seleção Afonso Henriques Neto. – São Paulo : Global, 2008. – (Coleção Melhores Poemas)

ISBN 978-85-260-1326-1

1. Guimaraens Filho, Alphonsus de, 1918-2008 2. Poesia brasileira I. Henriques Neto, Afonso. II. Série.

08-08781   CDD–869.91

Índice para catálogo sistemático:

1. Poesia : Literatura brasileira   869.91

Direitos Reservados

Global Editora e Distribuidora Ltda.

Rua Pirapitingui, 111 – Liberdade
CEP 01508-020 – São Paulo – SP
Tel.: (11) 3277-7999 – Fax: (11) 3277-8141
e-mail: global@globaleditora.com.br
www.globaleditora.com.br

Colabore com a produção científica e cultural.
Proibida a reprodução total ou parcial desta obra
sem a autorização dos editores.

Nº de catálogo: **2801**

Afonso Henriques de Guimaraens Neto, que se assina literariamente Afonso Henriques Neto, nasceu em Belo Horizonte, Minas Gerais, em 17 de junho de 1944, filho de Hymirene Papi de Guimaraens e do poeta Alphonsus de Guimaraens Filho. Mudou-se para o Rio de Janeiro em 1954 e seguiu depois para Brasília, em 1961, onde se formou em direito na primeira turma da Universidade de Brasília. De volta ao Rio de Janeiro em 1972, trabalhou na Fundação Nacional de Arte (Funarte) entre 1976 e 1994 e é professor do Instituto de Artes e Comunicação Social da Universidade Federal Fluminense desde 1976. Em 1997 defendeu tese de doutorado na Escola de Comunicação da Universidade Federal do Rio de Janeiro. Casado com a arquiteta Cêça de Guimaraens, tem dois filhos: Mariana e Francisco.

Livros de poesia publicados: *O misterioso ladrão de Tenerife* (coautoria com Eudoro Augusto), Goiânia: Oriente, 1972; 2. ed. Rio de Janeiro: Sette Letras, 1997; *Restos & estrelas & fraturas*, Rio de Janeiro: edição do autor, 1975; 2. ed. Rio de Janeiro: Sette Letras, 2004; *Ossos de paraíso*, Rio de Janeiro: edição do autor, 1981; *Tudo nenhum*, São Paulo: Massao Ohno, 1985; *Avenida*

Eros, São Paulo: Massao Ohno, 1992; *Piano mudo*, São Paulo: Massao Ohno, 1992; *Abismo com violinos*, São Paulo: Massao Ohno, 1995; *Eles devem ter visto o caos*, Rio de Janeiro: Sette Letras, 1998; *Ser infinitas palavras*, Rio de Janeiro: Azougue Editorial, 2001; *50 poemas escolhidos pelo autor*, Rio de Janeiro: Edições Galo Branco, 2003; *Cidade vertigem*, Rio de Janeiro: Azougue Editorial, 2005. Participou de várias antologias, entre elas: *26 poetas hoje*, Heloísa Buarque de Hollanda (org.), Rio de Janeiro: Editorial Labor, 1976 – reeditada pela Editora Aeroplano, Rio de Janeiro, 1998; *Correspondência celeste* – Nueva poesia brasileña (1960-2000), Adolfo Montejo (ed.), Madrid: Árdora Ediciones, 2001; *Azougue 10 anos*, Sergio Cohn (org.), Rio de Janeiro: Azougue Editorial, 2004; e *Antologia de poesia brasilera contemporània*, Ronald Polito (org.), Josep Domènech Ponsatí e Ronald Polito (trad.), Barcelona: Edicions de 1984, 2006.

Alphonsus de Guimaraens Filho

Em seis décadas de atividade poética, ao longo das quais publicou mais de vinte livros, Alphonsus de Guimaraens Filho construiu uma obra das mais belas e coerentes dentro da tradição do lirismo brasileiro. Essa coerência tem sua raiz mais profunda na fidelidade a uma poesia de feição muito própria, infensa a modismos ou escolas literárias que se multiplicaram a partir de 1930, época em que Alphonsus Filho vai escrever, ainda adolescente, *Lume de estrelas*. Se podemos perceber nesse livro de estréia, marcado por tempestuosa e noturna força romântica, aproximação com um Augusto Frederico Schmidt ou com o primeiro Vinicius de Moraes, é fundamental ressaltar que Alphonsus Filho irá, de livro para livro, operar uma série de transformações em seu caminho poético, sem jamais perder a identidade inicial. Assim é que, em momentos posteriores, já estará mais próximo dos modernos Manuel Bandeira e Carlos Drummond de Andrade, bem como da lírica espanhola, quando se faz nítida, por exemplo, a forte ligação com Federico García Lorca. De todo modo, em que pesem as mudanças, a busca do sopro lírico para revelar um mundo tocado pela mais autêntica expressão poética é a permanente preocupação de Alphonsus Filho.

Se considerarmos o ponto de vista de certa crítica preguiçosa, que muita vez tem insistido, conforme já notara Gilberto Mendonça Teles, em encontrar na obra do Poeta tão-somente sinais de uma estilística neosimbolista (buscando com isto ligá-lo de modo simplista ao pai), há que se dizer que também é pouco convincente a insistência em ligar, de modo estreito, Alphonsus Filho à chamada Geração de 45. Na palavra de Alfredo Bosi[1], ao tratar de tal geração, "o que caracteriza – e limita – o formalismo do grupo é a redução de todo o universo da linguagem lírica a algumas cadências *intencionalmente* estéticas que pretendem, por força de certas opções literárias, definir o poético e, em consequência, o prosaico ou não-poético. Era fatal que a arte desses jovens corresse o risco de amenizar-se na medida em que confinava de maneira apriorística o poético a certos motivos, palavras-chave, sistemas, etc. Renovava-se, assim, trinta anos depois, a *maneira* parnasiano-simbolista contra a qual reagira masculamente a Semana; mas renovava-se sob a égide da poesia existencial européia de entreguerras, de filiação surrealista, o que lhe conferia um estatuto ambíguo de tradicionalismo e modernidade".

Desse modo, a Geração de 45 passou a ser percebida, principalmente em razão de certa tendência classicizante, como uma reação ao predominante "prosaísmo" (onde se incluía o poema-piada) advindo da Semana. Essa reação buscaria, assim, um formalismo estreito, com ênfase nas formas fixas, daí a ampla aceitação do soneto. Alphonsus Filho, já se disse, é

---

1 BOSI, Alfredo. *História concisa da literatura brasileira*. São Paulo: Cultrix, 1970. p. 518.

exímio artesão do verso, sendo, segundo José Guilherme Merquior, "senhor, e não escravo do soneto". Porém, talvez a simples razão de se mostrar preocupado com o apuro da técnica poética e, por extensão, com a excelência na fatura do soneto, fez com que alguns críticos insistissem em colocá-lo dentro da Geração de 45, mesmo quando se sabe que seu primeiro livro foi escrito muito antes, entre 1935 e 1939, e publicado em 1940. Por outro lado, a predominância do lirismo em sua poesia, onde sempre se inscreveu forte tendência espiritualista, muita vez de conotação mística, também vai ajudar aos que propugnam pela filiação de Alphonsus Filho ao "espírito de 45". Contudo, trata-se de consideração sem maior profundidade, principalmente quando se sabe que os processos líricos utilizados pelo poeta são tão antigos quanto o próprio aparecimento das manifestações mitopoéticas no Ocidente, sendo, portanto, sobremodo errôneo querer vincular a tão pessoal e variada construção poética de Alphonsus Filho a mero desejo de ferir os postulados da Semana, por exemplo. Para dar idéia mais precisa do equívoco dessa opinião, basta citar um poema como "Cadeira de dentista", que entre tantos outros, apresenta clara visada "modernista":

>Qualquer coisa nos diz que a liberdade é próxima.
>Do alto edifício, a paisagem se modela nitidamente ao sol.
>Mas que paisagem? São os mesmos blocos de edifícios
>[altos e sujos.
>E a solidão das janelas.
>
>Qualquer coisa nos diz...
>E, no entanto, esta inexorável submissão ao destino.

E, também, o que falar de poema tão enigmático e "moderno" (quando mais correto talvez fosse dizer "atemporal", de recorte shakespeariano), quanto "O delfim"?

Deu-se que não havia chá, nem salão, nem mesmo
a dama que me esperava.
– O delfim estará?
– Senhor, o delfim é ausente.
– Então três chávenas de chá-da-índia! Três chávenas
[de chá-da-índia!
(Pausa)
– Mas... o delfim é ausente?
– Senhor, o delfim é morto desde os idos de dezembro.
– Então três chávenas de lua! Três chávenas de lua! Por
[Deus, três chávenas de lua!

Dizíamos que se a Geração de 45 retomou a construção sonetística, não se pode esquecer que essa clássica arquitetura lírica já havia sido revitalizada, na maturidade do Modernismo, por poetas do porte de Jorge de Lima, Manuel Bandeira e Carlos Drummond de Andrade, o que de pronto afasta a ideia de que o gosto pelo soneto fosse algo estritamente inerente a 45. O problema, na verdade, se prende mais aos "maneirismos" de alguns poetas de 45, o que nada tem que ver com o esmero técnico da obra de Alphonsus Filho. Ele é, sem dúvida e muito a seu modo, notável sonetista, dos melhores da poesia contemporânea em língua portuguesa, fato já mais que reconhecido por críticos de renome. José Guilherme Merquior vai dizer que "seu forte é o soneto", e que, no soneto, o poeta trabalha "o jogo da psicofania – a melodia da manifestação da alma, da transparente confissão do eu:

Nestes sonetos vou dizer de tudo
que mais sonhei: do amor que vi pendido
como, digamos, animal ferido,
cruzando coxo um último caminho,

o último dos últimos; e um surdo
mas permanente anseio de indeciso,
de hesitante doer do que indiviso
ficou no olhar como na carne o espinho."

E prossegue Merquior[2]: "com Alphonsus Filho o soneto volta a ser, resolutamente, o monumento de um momento – a cápsula verbal do vibrar de uma emoção. Aos íntimos da artesania sonetística não escapará a sapiência da construção de Alphonsus, visível na sutileza do seu esquema de rimas (abbc/addc). São recursos magistrais, às vezes conjugados com ousadias de sintaxe, como na arrojada inversão de

Que fique ao menos nesta de um arame
farpado e cruel cerca feroz que impede
ter o que a vida em seus desvãos concede,
a flor de casta chama e puro brilho.

No entanto, nada, nesse *know-how*, de ostensivo ou semostrador. Ao contrário: Alphonsus oculta os andaimes da técnica numa acentuada singeleza de expressão, e numa economia vocabular que lembra a lição de Bandeira. Aliás, Alphonsus é, como esse outro fino sonetista que foi Odylo Costa, filho, um poeta que foge ao efeitismo pirotécnico da maioria das vozes de sua geração (a de 45): e que, influído pelo

---

2 MERQUIOR, José Guilherme. *O elixir do apocalipse*. Rio de Janeiro: Nova Fronteira, 1983. p. 157.

despojamento bandeiriano, irá também evitar até mesmo alguns traços do lirismo do pai, o grande simbolista de Mariana".

Tal singeleza de expressão pode ser vista com nitidez no soneto "Momento", escrito no início da década de 1940, onde encontramos personalíssima aplicação da linguagem coloquial, tão cara aos modernistas:

> Minha amada tão longe! Com franqueza:
> eu penso sempre em me mudar daqui.
> Pôr na sacola o pão que está na mesa,
> sair vagabundando por aí.
>
> A luz do quarto ficará acesa.
> (Foi neste quarto que eu me conheci...)
> Deixarei um bilhete sobre a mesa,
> dizendo a minha mãe por que parti.
>
> Ah! ir cantando pelo mundo afora
> como um boêmio amigo das cantigas,
> alma febril que a música alivia!
>
> Se perguntarem, digam: "Ainda agora
> saiu buscando terras mais amigas,
> mas é possível que ele volte um dia".

É ainda da década de 1940 "Do azul, num soneto", que, a meu ver, é dos mais expressivos de Alphonsus Filho, figurando entre os melhores da nossa poesia nesses últimos sessenta anos:

> Verificar o azul nem sempre é puro.
> Melhor será revê-lo entre as ramadas
> e os altos frutos de um pomar escuro
> – azul de tênues bocas desoladas.

Melhor será sonhá-lo em madrugadas,
fresco, inconstante azul sempre imaturo,
azul de claridades sufocadas
latejando nas pedras – nascituro.

Não este azul, mas outro e dolorido,
evanescente azul que na orvalhada
ficou, pétala ingênua, torturada.

Recupero-o, sem ter, e ei-lo perdido,
azul de voz, de sombra envenenada,
que em nós se esvai sem nunca ter vivido.

Falamos no início que Alphonsus de Guimaraens Filho, fiel a modo muito próprio de construir o poema, apresentava, no entanto, grandes transformações de livro a livro. Nesta antologia o leitor poderá verificar essa variedade de caminho, uma vez que os poemas vêm referidos aos respectivos livros. Dentro dessa perspectiva, devemos assinalar que, poeta das montanhas mineiras, Alphonsus Filho é também, na palavra de Alexei Bueno, "um dos nossos grandes poetas do mar", principalmente com *Elegia de Guarapari* e *Cemitério de pescadores*. Diz ainda Alexei[3]: "sendo um dos nossos poetas mais sensíveis à efemeridade do tempo e à onipresença da morte – como vemos em obras-primas como 'Soneto premonitório', de *O habitante do dia*, ou 'Canção', de *O tecelão do assombro*, digna de Fernando Pessoa –, é por outro lado dos mais ligados à extrema modernidade, representada metonimicamente pelo seu livro *Ao Oeste chegamos*,

---

3 BUENO, Alexei. *Uma história da poesia brasileira*. Rio de Janeiro: G. Ermakoff, Casa Editorial, 2007. p. 354.

contemporâneo do surgimento de Brasília, ou por alguns admiráveis poemas sobre a conquista espacial". Em suma, e como já afirmara Vinicius de Moraes, Alphonsus de Guimaraens Filho, com toda a rica variedade temática junto à primorosa construção do poema, é, sem favor, ao lado de João Cabral de Melo Neto, nome fundamental de seu tempo.

Afonso Henriques Neto

POEMAS

LUME DE ESTRELAS (1935-1939)

QUE LUZES SÃO ESSAS?

Que luzes são essas?
Que luzes são essas, mortiças, doentes,
que luzes são essas, que luzes dementes
se acendem nos mares, em campos sem fim?

Amada, esta noite tem vagas promessas...
No peito nos ardem desejos bravios.
Amada, responde: que luzes são essas,
que luzes são essas na face dos rios,
que luzes são essas nos campos tão frios,
que luzes são essas?

Amada, responde, que tudo que peças
darei, de joelhos no pouso deserto...
Amada, responde: que luzes são essas,
que luzes são essas que eu sinto tão perto?

Serão de ladeiras? Que luzes são essas?
Serão das igrejas? Serão de romeiros?
Amada, responde, que tudo que peças
darei, terras, mares, estrelas, veleiros.

Amada, responde... Serão dos doentes?
Serão dos doentes? Que luzes são essas?
Serão dos enfermos que fazem pungentes,
que fazem medonhas, pungentes promessas?

Serão fogos-fátuos? Que luzes são essas?
Amada, rezemos que a noite me esquece,
que eu quero que a noite te dê o que peças.

Ai! penso: que luzes, que luzes são essas?
Que luzes são essas?
Serão as lanternas dos loucos de além?
Amada, esta noite tem vagas promessas
e eu tenho segredos que a noite não tem.

Serão olhos mortos? Serão olhos mortos?
Que luzes são essas?
Ah! velas nos mares, ah! velas nos portos,
que luzes são essas?

Serão dos amantes perdidos nos mares,
serão de saveiros na noite sem fim?
Amada, durmamos, que os ventos nos mares
já chamam por mim!

Amada, esqueçamos... Que durmam as estradas...
Que luzes são essas, amada, em mim?
Amada, fujamos, que além, nas estradas,
que além, pelos mares, as luzes geladas
já chamam por mim!

POEMA DO PRÍNCIPE OU DO LOUCO

Na noite há algo de louco me afagando.
Velhas encarquilhadas motejam junto a muros lôbregos.
Nos passeios distantes caminha a música dos passos...
Que me importa ser príncipe ou ser louco.
Na alma dos prédios a tristeza das súplicas inúteis
erra no silêncio
agitando na sombra mãos de sombra.

A alma das árvores
segreda palavras misteriosas para os que se cruzam,
como um grande lamento acordes de antigos alaúdes
vibram.

Fujo talvez, ou me arrasto, inebriado pela música
[noturna.

SONETOS DA AUSÊNCIA (1940-1943)

III. (MOMENTO)

Minha amada tão longe! Com franqueza:
eu penso sempre em me mudar daqui.
Pôr na sacola o pão que está na mesa,
sair vagabundando por aí.

A luz do quarto ficará acesa.
(Foi neste quarto que eu me conheci...)
Deixarei um bilhete sobre a mesa,
dizendo a minha mãe por que parti.

Ah! ir cantando pelo mundo afora
como um boêmio amigo das cantigas,
alma febril que a música alivia!

Se perguntarem, digam: "Ainda agora
saiu buscando terras mais amigas,
mas é possível que ele volte um dia".

VII

Em meio aos gritos, quando a lua uiva
na noite ardendo sobre a dor marinha,
é que te sinto chama e fogo, ó ruiva
treva de sangue que a loucura aninha.

Quero-te minha, para sempre minha,
ó pássaro de febre, ó corpo aceso,
ó voz da morte na madrugadinha
do ingênuo sonho a que me vejo preso.

Quero-te em risos, quero-te nas brasas,
ansiosa e febril, quero-te em rios,
em céus, em flores, sufocando o cego.

Varre a esperança! Desmorona as casas!
Mata a saudade dos silêncios frios!
Renego a paz! O amor! Sangro e renego!

X

Era um rio de extensos arrepios.
Eram mãos desfolhando mil pianos.
Corpos desciam para a morte e os frios
sopravam de invisíveis oceanos.

Em nós, calados, trágicos, feridos,
em nós se fez brevíssimo momento
em que um coro de irmãos compadecidos
agasalhou-nos, no arrebatamento

de melodias nunca tidas rindo
com o vento fresco pelos descampados
e flores nos chamando nos caminhos.

Foi quando, ouvindo o coração e ouvindo
o céu, ficamos, sem sentir, calados,
numa aflição de afagos escarninhos.

XXXIII

Onde estás já não sei. Senti bem perto
teu corpo desejado e sempre esquivo.
O amor é um sonho tanto mais incerto
quanto se faça latejante e vivo.

Procuro em mim a estrela e nada vejo.
Quando foi que a perdi? Não me lamento.
Mas o desejo, a febre do desejo,
uiva no vento e se desfaz no vento...

Tudo é saudade em mim. Se estendo os braços,
não colho o teu silêncio. E estás distante...
Mas como em mim não sonhas, como insistes

em superar insônias e cansaços
e colocar no coração amante
coisas da infância, muito embora tristes!

NOSTALGIA DOS ANJOS (1939-1944)

ROSA DA MONTANHA

A Benone Guimarães

1

Um luar velho dói sobre o silêncio.
As mãos furtivas despetalam mortes
e o coração se perde em nostalgia.

Fugir na noite inconsolável, ir
ao teu suplício, rosa da montanha,
ó delicada pétala de sangue...

Fender a noite e descobrir o sonho
nessa agonia que te faz pujante,
sombra vermelha, convulsão de lua.

Com pouco deitarei meu desespero
sobre os claros soluços devastados
e lá me ficarei, abandonado.

E lá me ficarei deitado e inerte
colhendo a noite nas canções dos rios
e me perdendo em orvalho sobre a morte.

Cantar nos bosques, para amar a vida!
Ó camponesa, como não beijar-te,
se a primavera sopra da vertente.

Como não debruçar sobre o teu colo
e te pedir a melodia estranha
que a noite desfolhou no teu silêncio.

E irei dormir, ingênuo, nas colinas.
E sonharei contigo, estrela doida,
vertigem dos veleiros afogados.

E sonharei contigo, inatingida!
Tu que dormes nos lagos da montanha
e és lilás devastando o azul caminho.

Tu que em pouco te irás sonhar nas margens
do grande mar tão úmido de lua,
do grande mar coalhado de soluços!

2

Cerro o corpo à loucura e aqui me deito.
Descei, gênios do ar, filhos do espanto,
adormecei meu peito em doce unguento.

Derramai sobre o triste a paz do afeto
desconhecido, a paz dos descampados
onde a aurora dançou, loura e selvagem.

Descei, gênios do ar, mais aflitivos
que uma canção subindo da distância,
de um mundo que eu nem sei... lá onde a noite

plantou cruzes no céu e fez da vida
um grito, um choro, a sombra de um ferido,
cansaço apenas e irreal cansaço.

Aurora, ó doida dos jardins, aurora,
de novo me trazei nas vestes noivas
um perfume de lua alucinada!

Quero viver de súbito o silêncio
que por aqui pesou em mais milênios
que as dores nuas sobre a carne escrava.

Quero me despenhar na voz dos ventos,
quero me rir nos sinos de noivado
e soluçar nas fontes prisioneiras!

Quero, calcando um gesto de saudade,
lá me perder – na sombra esmigalhada –
e me esquecer nas asas e nas chamas.

3

Carne-suplício, carne-treva, carne,
quem me dera de ti ver-me liberto
e a alma povoar de uma alegria

matinal, delirante, uma alegria
de formas tênues oscilando em breves
cantos de luz e cores sobre as águas.

Quem me dera dançar! Dançar nos rios,
sonhar nos bosques trêmulos, pulsando
em cada folha e em luz perder-me rindo

como uma fonte límpida, na noite.
Me alucinar na dor das correntezas
que em vão pisam, repisam sua história

sem que os homens jamais ouçam seu grito
e o compreendam e o vivam no seu peito.
Ah! me perder nas asas como um sopro

e procurar, meu Deus, os vilarejos,
para dormir nas cruzes das montanhas
e soluçar na sombra das ladeiras.

Um dia me esquecer, velho e menino,
numa igreja, talvez, ou num caminho
onde as rezas me cubram de carícia.

Me ferir no silêncio atormentado
da noite desolada onde as estrelas
são chamados sem paz, são incessantes

convites para a morte e para a sombra.
Ah! me ferir nas luzes, resvalando
entre bosques e montes, resvalando

em melodias, contorções, suplícios,
e um dia me encontrar, puro e sem mágoa,
à sombra de uma estrela soluçando.

4

Um luar velho dói sobre o silêncio.
Se eu te pedisse a paz, que me darias?
Sim, que me darias, flor noturna,

corola umedecida de saudade!
Talvez sonhasses, como eu, nas praias.
Talvez te desolasses e, de manso,

fosses buscar a estrela nos caminhos.
Tudo é leve demais. Que importa o mundo
venha com a mesma dor e o mesmo grito!

Tudo é leve demais. Já me pressinto
como uma asa. (Vozes longe, longe...)
Descansa em paz, me diz a madrugada.

Já me pressinto adormecida em claras
palpitações de céu e aceso em brancas
tristezas frias. (Tudo chama, além...)

Adeus, minha esperança! Já pressinto
que és onda e nuvem, que te entregas rindo
aos ventos levianos do desejo.

Já pressinto que ris na aurora tímida,
já pressinto que ris como uma ingênua,
sem que saibas ao menos esquecer-te.

Adeus, minha saudade! Aqui me deito
e aqui me cubro de um luar insone,
palpebrando no mar... Aqui me deito

e em breve saberei tantas cantigas
que possa adormecer o mundo inteiro
e aos homens todos prometer o sonho!

MARIANA

É como um grande soluço:
Mariana.

São velhas casas pedindo
um pouco de amanhecer.
São velhas casas sonhando...
São velhas casas sonhando...
Parece que vão morrer.

É como um grande soluço:
Mariana.

Navegas por entre luzes
que te recordam, na sombra
dos teus olhos,
um passado dolorido,
um passado que não viste
e que entretanto é bem teu.
Carregas na carne aflita
uma carne que morreu.

E é como um grande soluço
de mil torres,
de paisagens exaustas,
um soluço
sufocado:
Mariana.

DELÍRIO

A Mário de Andrade

Há soalhas tinindo. São pandeiros.
Dos céus, dos mares, dos estivadores,
chegam canções. E contam que os amores
morreram. Até os puros e os primeiros.

Serão canções carnavalescas? Cheiros
de éter, contorções, risos e cores.
Mulheres mortas. Préstitos. Temores.
Ventos do norte, ventos companheiros...

Há soalhas tinindo. Um enterro passa.
Vão sepultar a leve incompreendida.
Chocalham risos. Vai cantar alguém.

Sufoca a treva. Mata. Amor? Chalaça...
Eulália é morta? Eulália está ferida?
Falem mais alto, que eu não ouço bem.

CANTIGA DE PRAIA

Estou sozinho na praia,
estou sozinho e não sei.
Que luz adormece a face
se em gritos já me afoguei?

Estou dançando na praia?
Estou dançando? Não sei.
Eu colho com as mãos da ausência
a rosa que não beijei.

Que luz chega do outro lado,
do outro rio, do outro mar?
Estou sozinho na praia...
Ó mundo, vamos dançar!

CANÇÃO DA MOÇA DO LENÇO AZUL

A noite morde a distância
nas praias do vento sul.
E dizer que me pescaste
a moça do lenço azul!

Me deitarei no lajedo,
tuas mãos nos meus cabelos...
Perdi de todo o meu medo,
atirei fora os meus zelos.

Sou todo luar... Molhei-me
de luar na água do rio.
Entre as estrelas deitei-me
e não me queixei do frio.

Feri as faces da lua,
feri-as rindo... E o luar
me deu a paragem nua
onde a doida vai lembrar.

Abri a minha varanda,
vi a noite... A estrela ria
me acenando da outra banda,
fria, fria...

Me perder onde me achaste,
nas praias do vento sul!
Pescador, ouve o lamento...
Pescador, por que pescaste
a moça do lenço azul?

O UNIGÊNITO (1946-1947)

CANTO DE NATAL

A Criança que dorme
é tua e também minha.
Junto dela a grande noite
se apaga, e se avizinha

a madrugada santa,
com seus rumores castos...
E a Criança repousa,
e a Criança se esquece,

enquanto que no espaço
e no tempo se tece
a coroa de espinhos,
como um luar de sangue
sobre os altos caminhos.

VER-TE, SENHOR...

Ver-te, Senhor, aí pendido,
ver-te, Senhor, crucificado,
e recordar-te recém-nascido,
– o doce olhar adormecido.

Ver-te, Senhor, recém-nascido,
e recordar-te crucificado,
aí pendido,
e ouvir-te o último gemido.

Ver-te, Senhor, aí pendido,
crucificado,
ver-te, Senhor, recém-nascido,
– o doce olhar adormecido...

E esperar.

A CIDADE DO SUL (1944-1948)

SONETO DO TRÁGICO NAVIO

Em teu bojo de sangue, noite escura,
em teu veloz e trágico navio,
eis-me a escorrer luar. Não sei, colhi-o
(indisfarçada, ríspida amargura)

colhi-o na invisível colgadura
bolorenta de morte, no sombrio
pouso aflitivo de onde sopra um frio
inaugural... e súbito depura

solidões torturadas de saudade
e as remotas planícies ensopadas
de chuva eterna, angústia, desalento...

(Ficar ali, à beira da cidade
povoada de faces assombradas,
ferido, machucado pelo vento!)

AGORA

Agora que estou sozinho
agora que estou mais só
do que a tarde no caminho,

agora
que nada mais posso ter
que o sono de uma criança
num campo que vai morrer,

ah! deixem que eu cante, agora!
Deixem, agora, que eu me ria!
E saia pelo planalto
conduzindo cem candeias.
E me despenhe do alto
crispado de luas cheias.

Deixem que eu me esqueça, agora!
Saia procurando o dia
como quem respira treva
e contra a noite se atira.
Deixem, agora, que eu me ria!

Agora, sim, que de brusco
tudo mais morreu na sombra.
Agora que as coisas choram
e nem mesmo reconhecem
aquele que vai sozinho.
Aquele que vai sozinho,
agora!
como a tarde no caminho.

ANJOS DO ALEIJADINHO

A José Osório de Oliveira

Anjos do Aleijadinho,
levai-me por aí.
Jamais outro caminho
tão puro conheci.

Levai-me sobre casas
e sobre paraísos:
me sinto todo asas,
me sinto todo risos.

Em vossa carnadura
o sopro da elegia
depôs a noite pura,
depôs o claro dia.

Em vossa face triste
de ingênua claridade
suspira o que existe:
repousa a eternidade.

Levai-me num caminho
de branca inexistência,
que eu morro de inocência,
anjos do Aleijadinho.

ROSAL DE UM SÓ DIA

Amor. El viento en las vidrieras,
¡Amor mío!

Federico García Lorca

Desci as longas escadas
para colher-te dormindo
entre ovelhas sossegadas
e campos frescos sorrindo.
Na terra no corpo lindo
era o céu que amanhecia.

Amor, rosal de um só dia,
velho amor!

Desci depressa ofegante
turvando as águas da vida.
Teu corpo claro diante
da estrela se oferecia.
Num canteiro agonizante
bebendo o sangue do dia.

Amor, rosal de um só dia,
doido amor!

No vilarejo esquecido
se outros diziam malícias
orgulhoso envaidecido
eu só pensava carícias
como a ninguém não daria.

Amor, rosal de um só dia,
meigo amor!

Desci as longas escadas
e aos pomares sumarentos
às uvas já decepadas
possuídas pelos ventos
levei a minha ternura
minha cantiga macia.
Tua carne era tão pura
que a própria aurora a queria.

      Amor, rosal de um só dia,
      claro amor!

E os olhos negros pousados
no meu desejo na minha
volúpia de descampados
onde a luz se alucinasse...
Beijei os campos molhados
como quem, madrugadinha,
teu corpo claro beijasse.

      Amor, rosal de um só dia,
      meu amor!

SORALUNA

No campo triste da noite,
    Soraluna.
O corpo de Soraluna
no campo triste da noite.

No campo triste da vida,
o riso de Soraluna!
Fresca alegre primavera
    Soraluna
Soraluna! diz o vento
beijando a terra e repete
nas grimpas o meu desejo:
    Soraluna!
Soraluna face ingênua
irmã da lua de agosto
virgem louca das queimadas
    Soraluna
mulher espuma navio
pura casta inacessível
    Soraluna
beijos das águas gemido
de violões Soraluna
praia sombra esquecimento
assombro tédio tormento
carne clara Soraluna
    Soraluna
    luna
    luna
onde outra assim tão linda
onde outra assim tão pura?
    No hay ninguna.

A MOÇA E A JARRA

Foi num átimo: a criança
sobre a jarra se atirou.

Na varanda, a tarde mansa...
E contra a tarde a quebrou.

Vai a moça de olhos verdes
recolhe meticulosa
os pedaços doloridos
de uma jarra cor-de-rosa.

Recordam seus olhos verdes
momentos que o antigamente
cobriu de cinza e silêncio.
E sobre a tarde desliza
o furtivo pensamento
da moça silenciosa:
Ah! quem vos fez me perderes,
minha jarra cor-de-rosa!

Nos ladrilhos se ajoelha
e procura suspirosa
flutuando em luz que arde
nas mãos, na boca vermelha...
Ninguém sabe, nesta hora,
se o que recolhe, calada,
são pedaços de uma jarra
ou são pedaços da tarde.

DO AZUL, NUM SONETO

Verificar o azul nem sempre é puro.
Melhor será revê-lo entre as ramadas
e os altos frutos de um pomar escuro
– azul de tênues bocas desoladas.

Melhor será sonhá-lo em madrugadas,
fresco, inconstante azul sempre imaturo,
azul de claridades sufocadas
latejando nas pedras – nascituro.

Não este azul, mas outro e dolorido,
evanescente azul que na orvalhada
ficou, pétala ingênua, torturada.

Recupero-o, sem ter, e ei-lo perdido,
azul de voz, de sombra envenenada,
que em nós se esvai sem nunca ter vivido.

LUA VERDE

Colhi-te numa baixada
lua verde!
fosforescente magoada.
Lua das almas ai! lua
das grutas cheias de velas
dos cruzeiros nas encostas
    ai! lua
    desacordada!

Colhi-te como quem busca
o fruto pendente a polpa
de uma estrela dessangrada
lá nas angras lá na barra
de um rio
de um rio que sulca a noite
rebelada.

Colhi-te no vau do sonho
lua verde!
junto ao sangue
do morto da encruzilhada
(o morto que não se esquece
com o mesmo riso de pânico
na boca despedaçada).

Colhi-te nas amuradas
lua verde!
que te dissolves nas águas
e nas pontas dos recifes
pões cintilações geladas
ai! lua das madrugadas
ai! lua cega de um cabo
perdido
nos confins da escuridade
lá onde os deuses se matam
de saudade!

Colhi-te pelos caminhos
nos canaviais de maio
nas plantações de onde jorra
algum sol envenenado
nos penhascos onde choram
ventanias e os ladridos
arrepiam
a solidão onde estamos
lua verde!
incendiados de sonho
embriagados de sonho
grandes pássaros feridos!

O IRMÃO (1943-1949)

O SONETO DA CAPELA DE SANT'ANA

Cheguei sem nem saber porque viria.
Cheguei cantando em plena madrugada.
Por encontrar a porta entrecerrada,
cantando entrei. Cantando ficaria,

não fosse o Teu silêncio, a mão cansada
contendo a claridade fugidia.
Senhor, eu nem cuidara de mais nada,
com tanta ardência desejara o dia.

A capelinha – um céu silvestre e vivo –
dormia no sossego da montanha.
E eu que cantava e ria sem motivo,

quem é que diz que poderia agora
ao ver-Te o olhar ferido e a dor tamanha,
deixar-Te aí, Senhor, para ir-me embora.

SE VISSE POR ACASO UM ANJO

Se visse por acaso um anjo, não me surpreenderia.
Não é preciso assistir a milagres para dizer que existem.
A própria vida é um milagre.
E milagre esta esperança que não se acaba.
Falar, cantar, amar: eis o milagre.
Sofrer: eis o milagre.
Morrer: grande milagre!
Somos nós próprios mitos que se desconhecem.
Constantemente nos sondamos como quem percorre
[uma cidade estranha.
E vivemos na atmosfera de uma permanente descoberta.

Para que então a necessidade do milagre?
Não sonhamos olhando a noite?
Não desejamos o intangível?
Não vemos sempre novas estrelas?
Não nos banhamos na luz matinal, retemperadora?
Não choramos diante dos mortos,
embora para eles tenha deixado de existir a morte?

Viver: grande milagre!
Não bastaria ao homem a presença de um anjo,
porque o negaria
como negou a Cristo.
A vida exige sempre.
A morte exige sempre.
Por isso – vida e morte – serão sempre um perene
[milagre.

JUNTO AO CRUCIFIXO

Pai, eis-me aqui. Cheguei da infância, Pai!
Trouxe comigo a essência amargurada
de úmidos céus... E nada tenho. Nada!
Nem mesmo é meu o sangue que ofereço
nas mãos em sombra evaporadas. Nem
é meu o corpo – um corpo de ninguém,
que alguém encontra morto numa escada...
Pai, eis-me aqui. Cheguei da vida, Pai!
Nu estou eu. E nem Te surpreendo.
Vejo que me conheces – não cansado,
ou expectante – mas que me conheces,
de tal maneira que me vou revendo
como serei: total, maravilhado;
de tal maneira que desapareces
como Te vejo aí, inerte, frio.
Pai, por que sonho? Pai, por que me rio?
Por que Te vejo em fogo transportado,
por que se rompem nuvens e trombetas
clamam, arrasando ríspidas muralhas?...
Já nem Te peço, Pai, porque me valhas!
Já nem me espanto ao ver sobre os meus ombros
o Espírito Paráclito pousado.
Ah! Tu bem sabes por que rio, Pai!

TESTEMUNHO

(Padre Eustáquio van Lieshout)

Havia em Padre Eustáquio – humilde Padre Eustá-
[quio – alguma coisa que não era deste mundo.

Talvez fosse o seu olhar, diria eu. E outro diria: talvez
[fosse a sua voz.
E ainda outro consideraria: talvez fosse o seu riso
[angélico e quase triste.
Mas todos assentiriam em segredar-lhe: Bem-aventu-
[rado Padre Eustáquio!
Possuirás a terra.

Não havia nele nada de extraordinário; nem mesmo
[usava gestos
capazes de iludir a multidão. Era manso, e sorria.
Era simples, e sorria. Sua velha batina pendia com
[singeleza. As mãos abençoavam.
Esse não se cansou de abençoar. E falava da morte
[como de um sítio conhecido. Poderia descrever o céu,
[pois de lá viera.
No entanto, preferia anular-se e se fazer como a água,
[que mais se infiltra pela terra
para subir ao céu.

O sacerdote andejo viera de longe, de paróquia em
[paróquia.
Guardava ainda o sotaque de sua áspera língua
[estrangeira.
Viajara terras brasileiras e em cada vilarejo depositara a
[sua grande esperança.
Uma esperança como ninguém teve. Uma pureza tão
[estranha
(posso dizer em testemunho) que bastava ouvi-lo uma
[só vez
para lembrá-lo a cada instante.

Posso dizer em testemunho: uma só vez o ouvi. Era
[na Páscoa
e a pequena capela estava cheia de jornalistas, ho-
[mens afeitos a conhecer as misérias do mundo.
Padre Eustáquio falou, até meio canhestro; sílabas
[rudes do idioma natal
se casavam a palavras cálidas. E suaves. Todos ouviam
[respeitosos e todos se curvavam:
Possuirás a terra!

Para dizer de Padre Eustáquio, bastaria repetir: Esse
[possuirá a terra.
Lembro-me de sua mansidão; de seus olhos azuis;
[das botinas modestas.
Do seu modo de falar como quem vê para além dos
[homens.
E lembro-me ainda dos momentos em que o levei à
[paróquia distante.
Estava cansado, e não dizia. Era tarde da noite. E
[madrugadinha os fiéis assediaram a sua porta
para pedir-lhe a bênção.

Não repousava; dava-se por amor dos pobres. O que
[contribuiu
para que a morte o arrebatasse. Talvez fosse melhor
[assim: só Deus o saberia.
Morto, sua presença perturbou ainda mais. Mesmo
[os mais indiferentes
se inquietaram com a romaria que foi o seu enterro.
E o povo no alto do cemitério do Bonfim continuaria
[a desfilar junto ao túmulo de Padre Eustáquio.

Assim como quem vê nascer uma criança e depois
[crescer misteriosamente,
e falar e cantar, pura demais num mundo
que matou a inocência; assim como esse viu a Deus
[ou Lhe adivinhou a Presença,
assim também quem viu a Padre Eustáquio, esse não
[esquecerá o céu para onde foi
o humilde sacerdote. O céu onde estará, à direita do
[Pai, pedindo por nós todos,
pelos vivos e mortos.

ORAÇÃO DE CADA DIA

Aqui estou, nu e cego.
Aqui estou, junto à água que não vemos
e é eterna.
Aqui estou, junto às portas que não se abrem nem se
[fecham
e estão sempre ao alcance
das mãos
humildemente paralíticas.
Aqui estou, junto aos velários que não se descerram
e todavia resplandecem
longe, numa cidade
que sempre me inquieta.
Aqui estou, não para o batismo que já me propiciaste
e nem para que novamente molhes de luz este corpo,
[aflitivo
no seu isolamento.

Aqui estou, não para que de repente clamem os coros,
[varrendo o pó dos tempos
e se erguendo, línguas de fogo, à própria eternidade.
Aqui estou não para que súbitas aleluias inflamem as
[pedras e me removam,
não para que um grande soluço devaste a vida,
derrubando a noite,
a estranha, a latejante,
a espessa, a transparente,
a transparente noite.
Aqui estou, não para que dos ladrilhos se levantem
[milhões de braços desesperados,
nem do singelo adro cem mil bocas gritem como as
[trombetas derradeiras
crescendo contra as montanhas impassíveis
e as sombras impassíveis.
Aqui estou, não para me desgrenhar ou para amaldi-
[çoar (não merecera tanto),
nem para ferir com as mãos ingratas Teus olhos e
[Teus flancos
ou desaparecer no Teu silêncio como a chama em vão
[castigada pelo vento
e que no próprio vento
se desfaz,
se amortece.
Aqui estou, nu e cego,
para permanecer.

O MITO E O CRIADOR (1945-1952)

POESIA E ORIGEM

O pólen de ouro que arde no recesso
das corolas, no segredo dos pistilos;
a visão musical de outros tranquilos
céus onde o amor esteve (ou está) disperso;

a secreta palpitação de uma beleza
mais casta, de uma luz que se anuncia,
trazem-me a sensação do próprio dia,
numa contemplação que é mais certeza.

Certeza? Antes, o supremo encantamento
de quem renasce com as manhãs, em luminosa
plenitude, e as vê morrer, frágeis, ao vento.

A poesia é o dia reinventado.
E nós, que tanto sonhamos ao criá-la,
não nos lembramos mais de haver sonhado.

OS CAVALOS DE FOGO

A luz dissolve as pedras. E os cavalos
de fogo se projetam contra o vento.
Lá se vão eles, potros de ar sangrento,
por entre os sóis que intentam sufocá-los.

Lá se vão eles, potros de ar cinzento,
como se a própria luz incendiária
lhes desse uma aparência imaginária
de cor, de som, de céu em movimento.

E então o céu me envolve. Eis que me arrasta
o seu raro esplendor, o trepidante
fremir de intenso azul. No alto me espera

uma forma incorpórea, a visão casta
do que fascina e queda agonizante...
– Campo do amor chamando a primavera.

SUSPIROS DA MOÇA PENINSULAR

Pelas areias se estira
a moça peninsular.
Na aurora de fogo, o mar
tem corpos desacordados
inconstâncias de sereias
bocas de ninfas, no ar.
E a moça, pelas areias:
    Ai! Montese!
    (suspira)
    – Vou suspirar.

Ai! das solidões alpinas
das terras de ribamar
onde dançavam meninas,
onde no rastro da escuna
a noite se agasalhava,
e nas grotas mais perdidas
depondo o sopro das vidas
pensalunando lunava.

Pelas areias da morte
(da vida?) a moça delira.
Ai! sol coalhando de neve
minha casa meu pomar
ai! sangue das luas cheias
ai! sangue dos meus navios
dos meus bosques dos meus rios
das minhas torres (delira)
dos meus sonhos dos meus dias
     ai! Montese!
     ai! primeiras alegrias!
     (suspira)
     – Vou suspirar.

O BOSQUE INTERIOR

Há árvores ressoantes. Há um murmúrio de bosque interior. Levanto-me, sacudindo as raízes secretas, e em música me dissolvo. E ardo todo em luzernas.
                          [E a luzerna suprema,
Cristo! arde no meu silêncio náufrago, e o redime.

A doce indecisão das primeiras esperas!
A amada se debruça num parapeito ausente
e colhe flores, ai de nós! cristalizadas.
 E vós, ruas de província, estalidos de passos

em lajes imemoriais? Tudo é imemorial. Mesmo o que
[agora nasce,
vem pejado de tempo. Mesmo o que em nós desabrocha
como flor, como singela e dolorida flor,
traz em si o estigma atroz do que regressa

de perene viagem. Partir! nos dizem as bocas sussur-
[rantes do orvalho.
Partir! segreda um deus que nunca parte. E em nós
tudo é a expectativa de uma estrada na montanha
onde alguém, que não vemos, se despede chorando.

Grave rumor submarino, como de plantas aquáticas
[que se levantem
para respirar por um momento o silêncio das nuvens!
Em ecos me reparto, e é como se a minha alma se
[povoasse de soluços
como gritos que vão de uma gruta a outra gruta.

Quem ousou desferir o canto sobre a harpa adormecida?
Quem extraiu de mim a solidão de um bronze
que clama entre casas hirtas de mistério e de medo?
Quem a mim acordou, agora que outra tarde

mais ampla, veste de cinza as árvores e o templo?
Quem desceu até mim, se o meu peito noturno
continha apenas dores calmas, nem a mim mesmo
[reveladas?
Quem me atirou assim no indeciso poente,

quem me transfigurou em música flamante,
se os homens ignoram a linguagem dos deuses
e quedam sempre numa inércia estéril, olhando
o que a esfinge desdenha – o que a morte desdenha?

Quem dera despencásseis sobre mim, chuvas eternas!
Quem dera me arrancásseis para sempre desse leito
[lodoso
onde em vão me estertoro e embalde me estremeço.
Quem dera sacudísseis de mim o efêmero, e eu me
[surpreendesse

subitamente revestido de luz, não de luz enganosa
como a que oculta cada dia os andrajos do tempo,
mas de uma luz que arrastasse a própria eternidade,
uma luz imortal como esta sede antiga

de plenitude e canto! Quem dera me desconhecesse
[ao refletir-me num espelho
e penetrasse eu mesmo os escuros recessos
lá onde a verdadeira, a pura, a desolada face,
para sempre se esquece... Ó sofrimento das estrelas!

Ó grande convulsão do que parece imóvel,
docemente tranquilo! Já sei avaliar de vossa inércia...
[Um fogo
eterno já dilata as dimensões da alma
e tudo é musical, porque divino. Agora,

tudo ressoa e esplende. Agora, o coração
que tanto latejou numa chama humilhada,
ressoa como um sino entre nuvens! Agora,
o que havia entre o homem e Deus se desfaz como névoa

e cresce uma pureza vegetal, um segredo telúrico,
uma suave intersecção, um novo itinerário,
alguma coisa que se abre em nós como a polpa de um
[fruto,
na ondulação de campo túrgido, maduro.

CANÇÃO ANDEJA

É nada o que eu te ofereço.
Menos será que um gemido.
E nele, mal despedido,
converto-me, desapareço.

Ó formas pobres e nuas,
no pavoroso desgaste!
Eis a noite presa à haste:
quem lhe deu tamanhas luas?

Suspeito, por suspeitar,
que além da primeira esquina
virá a névoa divina
como luz dentro do mar.

ANOITECER NA LAGOA

Os juncos flexíveis contemplam a noite chegar ocul-
[tando
o injusto reino dos homens – triste reino dos homens.
A grande sombra vai aos poucos se infiltrando, e com
[ela um quase remorso,
a consciência de que tudo, ai de nós! podia ser mais belo.

NASCITURO

Que direi eu ao nascituro?
Dar-lhe-ei um pouco do escuro
sentimento que vem da vida?
Ou direi antes da impressentida

estrela que existe no fundo
do mais amargo sofrimento?
Dar-lhe-ei um pouco do sentimento
escuro, de que é feito o mundo?

Ou direi antes da aflitiva
certeza – humílima certeza —
de que a maior, divina beleza,
não consola esta coisa viva,

esta pobre, inquieta argila,
que é o homem, com o seu destino?
Ou direi antes ao pequenino
que dorme na antecâmara tranquila

palavras de uma primavera
que os deuses reservam para o que vem?
Que direi eu ao que está sem
pecado ou culpa, ao que não era

senão na minha esperança, e agora
claro e preciso se anuncia?
Dar-lhe-ei um pouco do meu dia
ou viverei de sua aurora?

PAISAGEM (III)

É tudo muito elementar: dois, três cabritos
pastando na macega; andaimes e argamassa;
as casas! e esta chuva humilde, resignada,

e um céu que ninguém sabe, agora, se é real.
E esta saudade estranha e o latejar sombrio
de asas que se ocultam... E este terrível frio

que nos projeta, agora, em mato e terra, e deita
o nosso grande espanto entre telhados sujos
e a nossa eternidade entre porões e cinza.

ELEGIA DE GUARAPARI (1953)

I

É o mar que permanece – é sempre o mar
das esperas, que acende
os olhos,
para no exausto coração deitar
o silêncio das praias e das ondas
a lassidão; é o mar que permanece
e faz da solidão da criatura
a solidão da água
que a circunda.

II

Pudessem minhas mãos abrir no grande mar
o caminho do olvido. Ah, seria de estrela,
de lembrança e suspiro. Ah, seria de sombra
e carícia lunar.

Pudesse eu, pudesse eu arremessar-me à noite
e da noite surgir de novo iluminado
daquela paz que foi de um dia e que, perdida,
se fez como a presença inútil de um passado

que em nós persiste e freme... Ah, pudesse eu repor
na legenda que teci de beleza e poesia
a pureza que se foi para deixar apenas
um céu que é sempre mudo e um mar que não me
[entende.

IV

Velejar para onde?
Para que mundo, acaso,
se esse mundo se esconde
ou nos chega com atraso?

Velejar para quê
se essa mesma distância
que o coração antevê
com tão profunda ânsia,

a nada mais conduz
que ao grande desalento
de ver que tudo é luz
dispersa em água e vento?

XII

Sinto-me dispersado
em areia, alga, vento.
Que ficou do passado,
se o que há é o momento?

Uma carícia vaga,
indecisa, procura
o que a memória apaga;
e de tudo perdura

leve aragem, não mais,
docemente soprando
junto às margens de um cais
que está sempre esperando.

UMA ROSA SOBRE O MÁRMORE (1953)

I

Em Sant'Ana repousas, como um dia
no Rosário esqueceste. Ah, em Sant'Ana,
nessa doce colina de que emana
a mesma indefinível poesia,

o mesmo sortilégio de Mariana.
Em Sant'Ana repousas. E a agonia
(que foi tua) ora é a paz leve e macia
que na colina ingênua de Sant'Ana

nos envolve, domina, e nos conduz
à grande fonte do teu sonho, ao grave,
indeciso silêncio povoado

de impressentido frêmito de luz...
Em Sant'Ana repousas, e é suave
saber-te, como estás, transfigurado.

II

Lá embaixo o Ribeirão do Carmo brilha
e mansamente ondula... Esta paisagem
que contemplaste tanta vez é a imagem
da tua solidão. A maravilha

do teu ser entre névoas e entre sinos,
em severas montanhas encerrado!
Junto ao teu mausoléu arde o passado
e o teu destino, de onde outros destinos

irromperam, ressurge nesta hora
em que, como uma cruz, trazes a alma
enterrada no céu! Resta-me agora

permanecer sonhando, e contemplando
o que existe ainda além da tarde calma,
além da própria vida palpitando...

VII

Quando a pungente voz da poesia
dentro de mim clamou; quando entreabrindo
os olhos para o mundo vi fugindo
e renascendo a luz que ainda alumia

o meu sonho e ora é minha, ora é perdida;
quando na solidão desamparado
vivi a tua ausência e, amargurado
senti na vida a grande despedida,

o grande adeus sem fim, sem esperança,
foi que mais te encontrei e conheci,
e em cada pensamento comovido

depus, sobre os desertos da lembrança,
as flores que esqueceste no ar dorido,
flores que, de joelhos, recolhi.

XXVIII

E a catedral nas brumas aparece,
com os seus responsos lúgubres... Saudosa
visão que é como a *amargurada prece*
da alma que o exílio fez mais suspirosa.

E, *Pobre Alphonsus!*, no meu peito ecoa
o seu lamento... E os sinos acordados
arrastam-me na treva, e os sufocados
prantos do amor, e a dor do que ressoa

além da vida, num momento apenas
vibram na estranha catedral suspensa,
e eu me deixo levar espaço em fora

ouvindo o som longínquo das serenas
asas que anjos distendem pela densa
névoa que oculta o resplendor da aurora.

XXIX

Em Sant'Ana repousas... Em Sant'Ana?
No Rosário? Em Mercês? Antes eu diga:
no silêncio de Deus, na paz antiga
de um céu onde tua alma canta o hosana

maravilhoso – céu que adivinhaste,
que pressentiste em música dorida,
e que te acompanhou por toda a vida
– rosa que tomba de invisível haste...

Antes eu diga: nessa paz suprema
em que lua, em que estrelas reflorescem
para compor o eterno diadema

por que a alma suspira e freme e espera...
Antes eu diga: a paz dos que se esquecem
na clara, incomparável primavera.

CEMITÉRIO DE PESCADORES (1954)

III

Tomé: um negro atarracado, de olhos esverdeados de
[marujo.
Tomé: o que às vezes regressava com peixes enormes,
[e tinha
mais fama que ninguém. Diziam-no amigo do *Sujo*...
Mandingueiro era ele? Que poder ele tinha?

Bom era ouvi-lo contar numa estranha linguagem,
num dialeto só dele, as últimas façanhas.
Tomé conhecia o mar e o que ele oculta nas entranhas.
Tomé dominava o mar, e não por mera parolagem...

Ele é que atracara a sua jangada na Ilha Escalvada
[numa noite de tempestade
quando é difícil fazê-lo em plena manhã ensolarada.
Ele é que deitava as redes noite alta e ficava à espreita
[na escuridão assoviando baixinho...

Ai! Tomé, quem te pescou nas malhas da eternidade?
Quem deitou mão ao peixe arisco para arrancá-lo do
[seu caminho?
Quem te atracou, Tomé, noutra Ilha Escalvada?

V

Deles é o mar, apenas.

Com as suas casas humildes,
barcas exaustas pousadas
à beira do mangue, com
o olhar arisco de íntimos
da malícia do oceano
e seus secretos abismos,
que é deles que mais não seja
que mar, e mar, sempre mar?

Sempre mar, que no mar colhem
seu alimento frugal,
nas rochas o sururu,
molusco que é assim como
o pão dos que não têm pão,
(que a pesca nem sempre é pesca
e as tempestades arrastam
imensas redes vazias),
e no mar cantam, se esquecem,
se esquecem? no mar atiram
seu cuspo, seu nojo, seu
silêncio de homens curtidos
no sofrimento das águas,
na intraduzível, soturna
solidão das grandes águas...

Que é deles, que mais não seja
que mar, e mar, sempre mar?

Sua pobreza é da terra,
não do mar... Ah, a postura,
os modos de olhar de lado,
– bichos de concha são eles,
os pescadores calados –,
a maneira com que em terra
navegam, tal como os velhos
marinheiros incapazes
de ocultar em cada gesto,
ou no menor movimento,
a presença indefinível,
mas tirânica, do mar...

Que é deles, que mais não seja
que mar, e mar, sempre mar?

Sua pobreza é da terra,
mas não do mar em que estão
como o peixe em seus domínios,
do mar, rude aprendizado
do seu heroico silêncio,
de uma passiva tristeza,
do mar a que vão agora
com a mesma tranquilidade
com que, regressando, estendem
as redes ao sol, cantando,
ou assoviando baixinho.

Que é deles, que mais não seja
que mar, e mar, sempre mar?

Deles é apenas o mar.

VIII

Atira a tarrafa sobre as estrelas, Ciríaco! E solta as
[velas...
Velho Ciríaco, que importa estejas já tão curvado...
Lembras-te, negro? Se vês manjubas em bandos, dó
[não tens de nenhuma delas...
Por que então ficar, diante da noite, paralisado?

Por que ficar, Ciríaco Nunes, emocionado,
se são tão altas, tão insensíveis? Tu te enregelas,
velho, na noite cheia de espantos, tu, definhado
pelas maleitas e erisipelas...

Atira a tarrafa, colhe-as no ar! Peixes de ouro e de safira...
Ciríaco Nunes, olha que rolam, já se desfazem nas
[tuas malhas...
Que queres tu, se elas não são senão visões pungentes?

Ai! negro, é a morte que no céu noturno rola, e suspira...
Tu te enregelas, negro, na mais sublime das mortalhas...
Ardem tuas mãos... Teu corpo brilha... Que chama tens
[nos olhos dementes!

X

– Quem é este que aqui dorme?
– Juvenal Venâncio Flores.
– Nesta sepultura enorme?
– Era o rei dos pescadores.
– Rei dos pescadores? – Sim.
De ser rei – rei do Divino –

de ser rei – rei do congado –
fez-se rei, e então Rei Zu
foi para sempre chamado:
Zu, ao som do caxambu,
nos batuques proclamado;
Zu, o rei mais aguerrido...
– Por acaso era querido?
– Mais que isso: venerado.
Quando nos dias de festa
vestia mantos vermelhos,
pescadores, de joelhos,
numa tarde como esta,
beijavam-lhe as mãos calosas,
mãos afeitas às jornadas
rudes, nas ondas raivosas,
grandes mãos acostumadas
a abrir no mar violento,
a abrir no mar terrível
o caminho inconfundível
de soberbas pescarias...
Mais que isso: venerado.
Por longas noites e dias
lá se deixava ficar,
agredido pelo vento,
fustigado pelo mar...
– E muito pescava, então?
– Nunca vi, era pequeno,
mas o povo diz que o rei
matou um dia um tal peixe
como não vi nem verei...
De prosápias inimigo,
diz que assim, muito sereno,
trouxe o bicho nos seus braços

e o entregou à mulher
falando: – Toma, Saninha,
divide em quantos puder,
e distribui os pedaços
entre os nossos companheiros,
que esta pesca não é minha,
– pois que eu só nada consigo –
mas dos que dias inteiros
andam no mar procurando...
Todos se foram chegando
e daí a pouco erguia
o batuque o seu lamento,
e o Rei Zu, o rei do vento,
rei das tempestades, rei
dos pescadores, sorria,
tal como a sorrir ficou
até que uma noite a Intrusa
ao seu reinado o levou...
– E o seu povo o pranteou?
– Meu Deus, que noite confusa...
Até mesmo parecia
que era o povo que se ia,
que a cidade é que morria
com o seu rei... Se o pranteou!
Cada qual o lamentou
à sua maneira, e o enterro
foi a hora mais gloriosa
do Rei Zu, na sua rede
docemente recostado,
de grandes mantos vermelhos,
de semblante demudado...
A ladainha chorosa
dos pescadores subia

por quem, sem desdouro ou erro,
foi o rei mais adorado:
rei que na fome ou na sede,
nos tormentos da pobreza,
a cada súdito trouxe
um pouco da sua mesa,
um conselho acaso, um doce
sorriso de fé e paz...
Paz a Rei Zu, que aqui dorme
nesta sepultura enorme!
Paz a Rei Zu, que aqui jaz!
– Paz então ao que aqui dorme,
aqui, ou no mar enorme!
Que no mar é que se estira,
que na água é que suspira...
– Paz então ao que descansa
aqui, ou no mar enorme!
Paz ao que no mar descansa!
– Paz, então, ao que aqui dorme!

XVIII

Os epitáfios ingênuos
falam do céu, não do mar.
Pedem orações: suplicam
paz para as almas que a vogar

estão num céu remoto e antigo
(ou no remoto, antigo mar?)
Ingênuos epitáfios! Pedem,
e as palavras vão ressoar

no coração dos vivos como
um lamento de muito além.
Que essa pureza simples e triste
dos epitáfios, é flor da terra:
da terra vem.

AQUI (1944-1960)

COMO UM EMBALO

Fosse uma chama, crepitaria
sob os meus dedos, na solidão.
Nada mais quero, nada queria.
As noites chegam, os dias vão.

Fosse uma chama, breve arderia,
brasa de sonho, na escuridão.
Já nada quero da luz do dia...
Queima uma estrela na minha mão.

Mas nada quero da luz da estrela...
(Chegam as noites, os dias vão.)
Por que sonhá-la, se vais perdê-la,
alma perdida na solidão?

CADEIRA DE DENTISTA

Qualquer coisa nos diz que a liberdade é próxima.
Do alto edifício, a paisagem se modela nitidamente
[ao sol.

Mas que paisagem? São os mesmos blocos de edifí-
[cios altos e sujos.
E a solidão das janelas.

Qualquer coisa nos diz...
E, no entanto, esta inexorável submissão ao destino.

AS LUZES

O cego:
– Que luzes são aquelas?
O passante:
– Luzes?

O cego:
– Aquelas. Inquietas como se o vento as levasse.
O passante:
– Asas?

O cego:
– Luzes. Por que estão ali? Quem as detém? Por que
[não voam?
O passante:
– Nas velhas ruas, as luzes chamam, sonolentas.
[Também nas velhas casas.

O cego:
– Casas?
O passante:
– Nas velhas casas e nas velhas ruas. Muito além ace-
[nam campos tranquilos. Parece até que um rio...

O cego:
– Um rio?
O passante:
– Não sei por que cantam. Ah, talvez seja uma procis-
[são: alguém está cantando na ladeira.

O cego:
– Na ladeira?
O passante:
– Em todas as ladeiras sempre houve cantos assim,
[sufocados como rezas.

O cego:
– Rezas?
O passante:
– Lá arde a luz das velas de antigamente.

O cego:
– A luz?
O passante:
– Sim. Os que se foram, em procissões remotas, con-
[duziam velas acesas. Como que essa luz oscila ainda
[na treva, e se derrama sobre as coisas.

O cego:
– Aquelas luzes, aquelas luzes ali, por que é que cha-
[mam?
O passante:
– Não sei de que luzes falas...

O cego, como que siderado:
– Por que é que chamam? Por que é que chamam como
[se estivessem partindo?

O passante:
– Que luzes?

O cego, num sussurro:
– Por que estão ali? Quem as detém? Por que não voam?

ELEGIA PARA JOÃO ALPHONSUS

Ficou no meio do caminho.
No meio do caminho
da nossa vida.
Sereno, mas sozinho,
numa rota perdida.

Era alegre, de alegria
que não escondia
o sofrimento.
Tinha, como todos que vivem, o tormento
de esperar dia a dia,

hora a hora,
a grande sombra no horizonte.
(Virá com a noite? Virá com a aurora?)
"Ai! vida...", ele suspirava, fonte
que, oculta no peito, devora!

Amava os bichos e as coisas singelas.
Pois era irmão
das criaturas humildes. Que belas
emoções, não lhe deram elas,
ao seu exausto coração.

E assim se foi, como se iria,
discreto, sem lamento. Sozinho,
ficou no meio do caminho.
No meio do caminho
da nossa agonia.

O DELFIM

Deu-se que não havia chá, nem salão, nem mesmo
a dama que me esperava.
– O delfim estará?
– Senhor, o delfim é ausente.
– Então três chávenas de chá-da-índia! Três chávenas
[de chá-da-índia!
(Pausa)
– Mas... o delfim é ausente?
– Senhor, o delfim é morto desde os idos de dezembro.
– Então três chávenas de lua! Três chávenas de lua! Por
[Deus, três chávenas de lua!

OS VENTOS DO ACABA-MUNDO

Quando chegavam, na minha infância,
os ventos loucos do Acaba-Mundo,
eu os sentia, desesperados,
mantos vermelhos, mãos sufocantes,
ventos da morte, ventos da morte
os ventos loucos do Acaba-Mundo!

Ai! que tardava a madrugada...
Olhos acesos, à espreita, ouvia
o seu galope – corcéis de fogo –
o seu galope sobre montanhas,
valos, colinas,
ventos noturnos, raivas noturnas
os ventos loucos do Acaba-Mundo!

Principiavam, como hesitantes,
num longo apelo, longo gemido.
Como em resposta, os cães choravam.
Os cães choravam! Lá vinham eles...
Lá vinham eles, rubra matilha,
lá vinham eles para atirar-se,
para quebrar-se contra janelas,
os ventos loucos do Acaba-Mundo!

Depois um longo, fundo gemido...
Iam dormir nas grotas altas.
Iam dormir? Lá vinham eles,
vinham da treva,
lá vinham eles se despenhando,
as mãos sem carne ferindo pedras,
lá vinham eles, ventos dos mortos,
lá vinham eles trazendo arfantes
suor dos mortos,
lenços cobrindo caras de mortos,
frio dos mortos,
suor dos mortos,
ventos da morte, ventos da morte
os ventos loucos do Acaba-Mundo!

1946

CORAÇÃO TELEGUIADO

Meu coração teleguiado
sobe a distâncias impossíveis.
Ah ventanias de mais alto,
constelações de chama, eco
de silêncios inexpugnáveis.

Meu coração teleguiado
não deseja nenhum planeta;
antes deseja a pequenina,
a humilde estrela pequenina
que ninguém sabe onde é que arde.

Meu coração teleguiado
não quer a lua revelada:
antes deseja a lua casta,
a lua estranha, a lua antiga,
a grande lua misteriosa...

Meu coração teleguiado
não quer Urano nem quer Marte:
antes deseja a pequenina
estrela – meiga estrela esquecida,
morta há milênios no infinito,
 ou no meu peito.

O HABITANTE DO DIA (1959-1963)

DE ONDE VEM...

De onde vem a fremente
e lúcida euforia
que me faz, de repente,
habitante do dia?

A MENINA E O DIA

Na calçada minha filha
vai jogando a amarelinha.
A manhã a maravilha.
A luz que explode de tudo
como que a envolve e inebria.
Deslumbramentos do ludo!
Vai jogando a amarelinha,
tão feliz e distraída
como se fosse somente,
e muito naturalmente,
alguma coisa nascida
da luz álacre e macia.
Pedaço, talvez, do dia.

NA MESA

Sobre a toalha, o pão,
o bule, as xícaras, o café,
confabulam. Que dizem
no seu silêncio de coisas
tocadas de esperança,
da latente esperança
da manhã? Dir-se-ia
que se sentem ligados
à vida – ou que na vida
se irmanam, se confundem,
pousados sobre a mesa
como em seu próprio mundo,
pousados no silêncio
como se tudo fosse,
para eles, a dádiva
fascinante, translúcida.

A um canto, solitária,
uma faca os espia.

SONETO DOS QUARENTA ANOS

Não me ficou da vida mágoa alguma
de que possa lembrar aos quarenta anos
senão esses cansados desenganos
que o mar que trouxe leva como espuma.

Foram-se os anos, mas que são os anos?
Chama que em sombra esfaz-se, apenas bruma.

As horas que eu vivi, de uma em uma,
deixaram sonhos e deixaram danos.

Muita morte passou n'alma ferida:
meu pai e meus irmãos, mortos amados.
Mas pela minha vida passou vida,

passou amor também, passou carinho.
E pelos dias claros ou magoados
não fui feliz e nem sofri sozinho.

RETRATO

A meu pai

Por mais que fosses triste, sempre eras
alguém voltado para iluminantes
manhãs, e as frutas, rosas deslumbrantes,
e as frescas, recendentes primaveras
que o teu olhar nas coisas distinguia.
Por mais triste que fosses, a esperança
de amar, ou contemplar numa criança
a ingênua luz do mais ingênuo dia,
sempre seria teu refúgio... E agora
que emerges do papel escurecido,
as mãos sobre o espaldar de uma cadeira,
no rosto o brilho de uma luz amiga
e o olhar no longe como que perdido,
sinto que em mim renasces, que a poeira
que és de novo ganha a forma antiga...
E que é tua também a minha hora.

QUANDO EU DISSER ADEUS...

Quando eu disser adeus, amor, não diga
adeus também, mas sim um "até breve";
para que aquele que se afasta leve
uma esperança ao menos na fadiga

da grande, inconsolável despedida...
Quando eu disser adeus, amor, segrede
um "até mais" que ainda ilumine a vida
que no arquejo final vacila e cede.

Quando eu disser adeus, quando eu disser
adeus, mas um adeus já derradeiro,
que a sua voz possa me convencer

de que apenas eu parti primeiro,
que em breve irá, que nunca mulher
amou de amor mais puro e verdadeiro.

OS EMBARCADIÇOS

Aqui – como a um cais chegam veleiros –
chegam os embarcadiços, já cansados.
Onde das mãos os gestos costumeiros
ou o ruído dos pés paralisados?

Chegam, mas tão discretos, com tal sigilo,
que ao próprio silêncio se incorporam
ou, antes, quedam inertes para ouvi-lo.
No entanto, em torno, as águas choram, choram.

SONETO PREMONITÓRIO

Sobre este plano, liso chão, me deito
à maneira dos mortos. Que arrepio...
Que sensação estranha de outro frio,
como uma unha, me escalavra o peito...

Me deito aqui, no liso chão, e espreito...
Guardam as coisas, que do chão espio
crescerem para mim, num desafio,
não sei que grave gesto insatisfeito...

Tanto me habituei a estar comigo
que ir-me embora de mim me causa pena.
No liso chão deitado o corpo sente

um sossego de estar – de estar somente –
coisa que à grande inércia se condena,
pedra, talvez, de algum túmulo antigo...

TODOS OS MORTOS

(fragmentos)

VIII

Uma barata diligente, em um velho hotel do interior,
rói mansamente in-fólios respeitáveis, incunábulos,
[que sei eu? e medita
na gravidade de tal operação, no esforço dos que se põem
a devorar algo que resta do evanescente rastro dos
[séculos;

também os ratos meditam, Alteza, perdidos nos
[sobrados centenários,
no seu jeito arisco de perseguir o antigo e nele se
[transfundir e habitá-lo com certo e irrecusável
encantamento; também nós... Ora, Alteza, bem vejo
[que moveis inquieto as nobres pálpebras.
"Também nós", pareceis dizer-nos, "também nós, como
[as baratas e os ratos?"
Também nós, também nós, Alteza, insisto com bran-
[dura,
também nós sentimos que no fundo de cada coisa
[(oh, a efemeridade de toda posse!)
há uma barata diligente a roer os nossos poucos incu-
[nábulos
ou cupins que solapam as bases das torres que ergue-
[mos até às nuvens
como um apelo para sempre, ai de nós! indecifrado...

X

Mas, Alteza, cantemos o nosso canto à vida.
Cantemos, por favor, a primavera, o verde,
o verde, o rubro, Alteza, e sobretudo o azul.

E sobretudo o azul, que inocenta e que afaga...
O azul que como que deixa as almas translúcidas,
por momentos libertas,
livres, livres, na paz que é tão maior quanto mais alta,
mais longe, inatingível... Alteza, decantemos
ao nosso modo, o renovado, o nunca igual
sabor do cotidiano; celebremos com ênfase
a vida, no seu cúmulo,

a vida, a vida, Alteza,
substantiva de tal forma
que ela só, ela só, é como
uma cidade que desperta,
a vida
desnuda e imperativa,
terrivelmente imperativa:
a vida!

XI

Impossível é esquecer que quando estamos integra-
[dos na vida
como uma árvore na sua paisagem, integrados na vida,
de repente o sentimento da morte rói, quase imper-
[ceptível, as nossas raízes,
e estremecemos, num arrepio
que nem mesmo
sabemos definir.
O arrepio da morte, Alteza, e seus dedos lívidos e longos.
Suas unhas que esgravatam as almas como a terra, as
[longas unhas
sinistramente frias...

Como? Que é que dizeis? Quase não ouço, Alteza...
Alteza, que dizeis?...

TRANSEUNTE (1963-1968)

INSÔNIA

Neste barco de insônia a noite se dilui
e um vago eco traz não sei que vago apelo,
algo que nos projeta

em outras solidões que não estas humanas.
Guardam-me velhos quadros, as paredes cinzentas,
estes móveis, e a treva.

Barco de insônia, a latejar na treva...
De insônia, de silêncios
que ferem,

e esta incerteza de errar num limbo de onde sobem
passos de mortos, choros, histerias,
de errar vendo que tudo é apenas um deserto
que se prolonga em nós e deixa-nos caídos
entre cercas hostis, entre espinheiros, entre
frutos podres, restos de pão e dejetos de pombos.

OS PARENTES

Os parentes todos na sala,
a noite em todos os parentes.

(Mas quem de uma invisível mala
retira a roupa dos ausentes?)

Os parentes todos na vida,
a sombra em todos os parentes.

(Segue a viagem mais dorida,
a viagem dos corpos presentes.)

Das arcas ancestrais escapam
gemidos que ninguém escuta.

(Pois todos os ouvidos se tapam
à dor de uma treva absoluta.)

Os parentes têm palavras
que levam a túneis infinitos.

(Garimpam todos suas lavras
e cada qual segue seus ritos.)

Os parentes todos na sala,
a noite em todos os parentes.

(Cada qual aos poucos faz sua mala,
meeiro de solidões pungentes.)

A VIDRAÇA

Uma vidraça oculta a morte.
No ar matinal do pátio,
cavalos cegos puxam nuvens, arrebatam
telhados.
No ar matinal do pátio,
uma simples vidraça.
Mas quem dedilha um piano numa rua tão triste
que de repente nos envolve um silêncio de séculos
e transeuntes cruzam calçadas de bruma, eles tam-
[bém de bruma?
Uma vidraça, sim; uma simples vidraça.
Os números, os sonhos, as faces se consomem.
Paira qualquer anélito divino.
Fluida, vaga memória...
Tudo tão longe que soa um piano, caem nuvens, chove,
e a eternidade, com seus sortilégios,
flui das pedras, do ar matinal, do pátio claro.
Do ar matinal do pátio.

Cavalos cegos puxam nuvens.
A morte espia.
A morte espia com olhos cegos.
Fluida, vaga memória...
Caem nuvens.
As faces se consomem.

VIAGEM

Não te direi que andei terras de Espanha
ou descansei em sombras de Inglaterra.
O que sei de mim mesmo é que em peanha
de areia pôs-se a forma que me encerra.
E por ir e por ser de terra em terra
o absurdo silenciar ou a absurda sanha
de uma tristeza que remorde e aterra
como secreta e venenosa aranha,
trago nos olhos cegos a paisagem
de uma outra vida de um perdido mundo.
Nem te direi que existe essa viagem
em que tudo se fez grave e distante
ressoar de pêndulo vago e hesitante
num mar sem superfície e água e fundo.

DURAS COISAS

Duras coisas, que têm
de brando ou terno? Eis
uma faca, um punhal,
um revólver... Que são
neste mundo? Ao que vêm?
Não sei eu, nem sabeis.
Podem trazer à vida
a morte que contêm.
Podem ferir, magoar,
mas há nelas qualquer
brandura ou inocência
quando as vemos quedar
num qualquer canto, à espreita.

Por que o mundo as requer?
Por que a vida as aceita?

REUNIÃO

Um resto de música ouvida não sei onde.
Uma luz acesa, para sempre, na memória.
Um riso de criança saltando de um verso nunca escrito.
O poeta morto olhando de um livro de lombada cin-
[zenta. E este frio.
E esta noite. E este desejo de saber ao menos por que
[falamos incessantemente
e nenhum de nós é capaz de sequer ferir a superfície
[do silêncio,
do silêncio que nos reveste e desgasta, como às coisas
[todas que nos velam
com o ar irônico de quem contempla o cadáver de
[um rei.

FLAGRANTE MATINAL DE ALTAMIRANDO GONÇALVES

Foi quando Altamirando Gonçalves, depois de cortar
[as unhas e pentear-se, sentiu,
talvez pela primeira vez, um desconforto intraduzível.
Era como se, velho e caquético, velho e implacavel-
[mente a demolir-se,
tivesse a consciência de que se preparava, ele próprio,
[para deitar-se na cama à espreita,
na cama que temia, que repugnava ao seu corpo cui-
[dado pela ciência de escrupulosos alopatas

91

e tratado por ele próprio com um carinho que ainda
[uma vez se positivava
no tempo despendido com as unhas crescidas e com
[o cabelo escasso.
Uma dor fina, uma dor fora do corpo, uma dor que
[pairava, flutuava, crescia...
Altamirando Gonçalves queria repelir a ideia estúpida
[e extravagante
mas tinha a exata impressão de que preparava um morto
para indesejáveis e próximas exéquias.

EU, DE NOME FABRÍCIO CERES

Confluente, esta paz que de tudo chega e alcança
não sei que varandas de sono... (Eu, posto exista,
eu, de nome Fabrício Ceres, eu que vim de região
onde o gado acalenta o vazio e entre o vagido
dos bezerros cresce a fome de um sol insaciável,
eu que cruzei os alagados e caminhos que trazem
esse nome e mais não são que penosas picadas,
eu me deito agora, por instantes, nesta rede de esque-
[cimento,
e, vaqueiro que fui, perdoem que me diga mais que
[nunca citadino,
o cidadão Fabrício Ceres, de roupas modernas e cos-
[teletas, admirado
de existir, de ser eu mesmo, entre o fragor dos veí-
[culos e buzinas,
tendo ainda, do que fui, um cheiro de estrume mistu-
[rado a leite, um vago temor a que se ajunta
o gosto de estar em tão grande cidade, nesta pressa
[sem propósito, nesta – me perdoem – loucura,

que até me lembra, por vezes, um estouro de manadas,
o arruído das enchentes.)

FLAGRANTE CREPUSCULAR DE PLÁCIDO MUNIZ

Plácido Muniz contemplava o crepúsculo como se
[fosse
outro crepúsculo, e ele outro Plácido Muniz outrora
[existente,
em século não muito próximo. Talvez nem mesmo se
[apercebesse de tal conflito
mas estranhava o silêncio e estranhava a si mesmo
e mordia a mão direita como se algo ali também o
[afligisse,
debruçado na varanda do prédio colonial onde um dia
habitado tinha um dos seus ancestrais, hoje vaga
[lembrança numa tela
com suas imponentes suíças e um distante sorriso de
[dono de grandes domínios
também dispersados em névoa. Mas que crepúsculo!
[Plácido Muniz
se admirava das tonalidades superpostas, dissociadas,
[autônomas, surpreendentes sempre,
e tinha o ar assim de quem se alerta para colher a ver-
[dade última e definitiva.

LEMBRANÇA DE CÂNDIDO PORTINARI

Não sei se Cândido Portinari
ainda me espera em Cosme Velho.

Em todo o caso, sempre vale
ver se ele está, pois que não nego

ter visto, plácido, o Candinho
adormecido entre flores.
Talvez ele venha sorrindo
para acolher os invasores,

e repita, à sua maneira,
o que nos disse em anos perdidos.
A casa é a mesma, a companheira
de olhos graves, enternecidos,

e João Cândido que comunica
infância a tudo. "Vamos, Candinho?"
Lá embaixo, no porão é que fica
o mundo de onde vem subindo,

através das cores, o enorme
reino de Cândido Portinari.
Mas quem é esse que assim dorme?
Dorme – talvez nem mesmo repare

que a sua presença discreta
se infiltra agora entre os vivos
como a imagem do que foi poeta
e fez os símbolos cativos,

do que muito amou a vida, e soube
– mas quem é esse, indiferente? –
fazer da arte que lhe coube
algo tão alto, humano e ardente,

que ainda agora, dominando
a própria morte, é o mesmo Candinho
que – enquanto o outro dorme – vai passando,
vai abraçando, e vai sorrindo.

MANHÃ

(fragmento)

1

Mordo-te como a um gomo, e estremeço
de claridade.
Que fresca luz,
que casto azul... Folhagens verdes molham
o sonho ingênuo que ainda agora desço
às cacimbas, às pétalas – vertigem,
euforia,
barro do amanhecer... Mordo-te, cálida,
mordo-te como a um gomo, e transfiguro
a própria vida na explosão do dia.
E é tudo céu e vento e eternidade.
E é tudo um mundo primigênio e puro
a estremecer também de claridade.

O DIA

"Mas que queres de mim?" eu perguntava.
E Deus me respondia em tal linguagem
que, sem nunca entender, eu procurava.

E cego embora, e triste embora, eu lia.
Pois Deus me acenava com uma paisagem
dissolvida em azul criptografia.

E eu lia em já nem sei que caracteres,
hieróglifos pungentes, nos sangrantes
textos do sonho, e então: "Deus, que me queres?"

Era um barco a oscilar num mar de espessa
névoa: era um barco pelas anelantes
costas buscando a luz em que amanheça.

E lá me ia como se vão sonhando
os hierofantes, tardos adivinhos,
nas nuvens e nas águas soletrando.

E sempre em mim – "Que queres?" – percutia
uma voz que chegava dos caminhos
atrás dos quais devia estar o dia.

SOLILÓQUIO DO SUPOSTO ATLETA E OUTROS POEMAS (1963-1971)

SOLILÓQUIO DO SUPOSTO ATLETA

1

Alé-guá-guá-guá! Meu esporte predileto
não é esquiar, sabei; nem patinar
ou jogar tênis ou quejandos. Meu
esporte é contemplar. Pois contemplemos
o gelo e os esquiadores, as iluminadas
pistas onde patinadores se desmancham
em luz, em cor, prismáticas, sublimes
decomposições de sóis e madrugadas. Eia!
Sus! Vamos todos esgrimir
contra o silêncio que fica depois de cada
prélio – o silêncio das arquibancadas,
das quadras, grandes campos onde a grama
põe um verde que tudo mais confunde
num grito que suscita a mocidade
ainda mesmo naqueles que se lembram
da própria tal se houvera ela escoado
como as que, ocultas, dormem
entre ruínas gregas e romanas.

Um grito: Alé! Um sol: guá-guá! Um imenso
ditirambo a este mundo que é mais luz,
mais mar, mais céu, que é mais certeza agora
que contemplamos sendo contemplados
numa fusão ou transfusão que irmana
nossos corpos e almas à febril,
febricitante, cálida explosão
de um turbilhão de vozes,
alé! alé! guá! guá!
de riso e canto, engravidando a vida.

2

Nunca fui de regatas, mas amei
vê-las como se fossem tão-somente
o que não pude ter, eu, falso atleta,
o falso e olímpico discóbulo sondando
horizontes de espanto no arremesso
de um sonho contra o peito inflado e estuante
da indiferença de milhões. Sonhei
com as corridas e me fui no dorso de altos
negros cavalos para os grandes saltos,
e percorri caminhos nunca vistos
com estes pés já cansados de esperar
pela carne impalpável da distância.
Ah! os espetáculos multicores, o frêmito
das multidões, o futebol em chama,
os triunfos em sol, foguetes, lágrimas,
o impulso nacional pela conquista
de algo que é mais que um símbolo ou um troféu,
de algo que funde todos num uníssono,
harmônico explodir de gozo e pânico,
de paixão, esperança... Nunca fui

de um esporte qualquer mas sempre amei
ver multidões uivando em ardência e espanto,
e fui eu próprio, num momento de ouro
e sol e cântico a multidão fremindo,
para sempre fremindo, entre bandeiras,
entre estandartes, fui eu próprio a entranha
e o cerne de milhões se transfundindo
e crescendo e vibrando entre os clarões
de um espocar de fogos, vida! vida!
fulgurante canção... a mais fantástica,
a mais real e lúcida canção.

3

Que de hinos escutei! que ventania
de cores sobre mim caiu num ímpeto
de fresca e ululante água,
numa vertigem que arrebata e estra-
nhamente insula! que emoção
me paralisou como a um corpo
que tomba desmaiado entre ululantes
ventos de temporal. E eis que me revejo
agora como fui – os galhardetes
voltam a tremular, caem das mãos
juvenis bandeirolas inflamadas
de ouro e sangue, e uma assombrosa, intensa
manhã projeta em novas dimensões as almas
eletrizadas na pujante e única
hora que é formidável encantamento,
alguma coisa assim que tangencia
o reino esquivo do maravilhoso
e abre com ruído as portas mais soberbas
que levam a iluminados corredores,

além! além! sim, sempre além, lá onde
só silêncio é que existe e um vago sopro
de diluídos hinos e corais.

4

Eis-me aqui, neste ano cinquenta e cinco da mi-
[nha idade,
a mirar sobre a mesa os desgastados
e já sujos troféus. De vez em quando
como que irrompe um vento que subisse
de um fundo oceano submerso em densa,
impenetrável treva. Eis-me caído
sobre o que fui, nunca serei, caído
sobre estes álbuns que ora exibem estas
fotografias de outro alguém (não eu)
que conheci, num convívio
que se diria íntimo e, no entanto,
nesta hora dilucular desconheço.
Ora um atleta, com seus ademanes,
suas roupagens, gestos graves, seus
passos de lenta e austera gravidade
dissimulada, quando seu desejo
fora se incorporar ao riso histérico
das multidões, aos ventos, ao flamante
sol que um só dia resplandece, ao grande
coral que ninguém ouve, somente ele,
quando mãos o arrebatam, braços, peitos,
e o carregam e o levantam como a estranho,
inimitável, único troféu.
Um atleta, que é? Que é um homem
mudado em mito, logo retornado
à condição de homem e vendo sobre

mesas inertes uns troféus inertes,
algo assim como quem vê corpos mortos
depois de tê-los contemplado amando
e vivendo e cantando e penetrando
o que fora agonia, espera, ânsia,
ofego de amargura e saciedade,
um estertor, talvez? Pois eis-me agora,
modesto servidor público,
tornado à burocrática certeza
de que tudo se esfez e não me resta
senão, ao erguer do nada o que repousa
em chama sob pó, teias de aranha,
mofo e bolor, revolver com os hesitantes
olhos a noite para descobrir
no mais fundo meandro a claridade
das manhãs que meu peito bafejaram
com um rumor cristalino de água e sonho.
E sobretudo amar. E sobretudo
contemplar, impedindo todavia
que qualquer sombra de desesperança
possa me dominar, possa até mesmo
me sufocar, pois que nem sei agora
se atleta eu fui, se essas resplandecentes
taças não pertenceram a outros heróis,
se não sou (a verdade é sempre cruel)
mero vigia ou zelador deste brioso
e celebrado Clube dos Imbatíveis,
eu que contemplo tudo como se
a mim pertencesse, eu que sou dono,
sozinho aqui, deste arsenal de glórias,
e escuto, só, os hinos que vibraram,
os cantos que explodiram como fogos
sobre o ulular de multidões. Ah! eu

que não sabendo se porventura atleta
fui, quero ter sido, e agora grito:
Alé-guá-guá-guá! e agora quero
um ditirambo erguer à vida como
o mais alto troféu que nunca tive,
que nunca teve alguém, mas devo agora
tomar nas mãos, voltá-lo contra o azul,
enquanto escuto vir do denso e fundo
mar do já ido esse clamor que aos poucos
vai-se encorpando como vagas, como
um turbilhão de vozes,
alé-guá-guá-guá!
de riso e canto, engravidando a vida.

O RIO

É um grande rio em que vão beber todas as cegonhas.
Todos os cervos.
E os galgos.
E os milhafres.
Em que vão beber todas as águias.
E todos os leopardos e jaguares.
E os gaviões.
Em que vão beber o leão de eloquente juba e a peque-
[na ave de olhar assustado.
Em que vão beber a raposa e o tigre e a lebre inquieta
[e atormentada.

É um grande rio
em que vão beber os endemoninhados.
Os injustos e ferozes.

Os sanguinários. Os que devassam almas,
aprisionando-as em círculos de irrespiráveis e fuma-
[rentos orcos.
É um grande rio em que vão beber todos os santos.
E os cegos.
E os paralíticos.
Os pobres e puros.
Os idiotas que os raios de Deus ferem e iluminam.
Os que cantam porque a vida explode num deslum-
[brado ímpeto
matinal. Os que amam.
Os que nunca desejaram senão o frágil fruto
suspenso em ramo esquivo
e no entanto nunca o tiveram,
próximo embora.

É um grande rio em que vão beber
os que varrem velhos pátios como se varressem as es-
[quinas da noite.
Os distraídos para quem tudo é transluminoso e intato.
Os que na música apreendem um reino ideal, vago e
[sonâmbulo.

É um grande rio em que vão beber os atores a que o
[público não deu senão indiferente aplauso.
As dançarinas subitamente paralisadas.
Os poetas que procuram o que as palavras ocultam,
[numa
aventura em desertos movediços.
Os pintores que tentam captar uma tonalidade que
[não existe.
Os arquitetos que, em cada risco, doam algo de si
[mesmos à vida.

Os que infundem à estatuária um grito inaudível,
[sobre-humano,
de carne retorcida e alma violada.
É um grande rio em que vão beber os prisioneiros
[que contemplam
a mesma paisagem como se ao cabo somente ela é que
[subsistisse.
Os que habitam a solidão dos faróis e se fazem irmãos
[do mar imóvel e tumultuário.
Os pescadores que como Simão Bar Jonas se vão a
[outros mares e outras pescas.
Os operários que se agitam como se em suas mãos,
[mais que a caliça e a viga, latejasse a vida na sua efer-
[vescência, no seu ritmo de febre.
Os aviadores sempre em demanda do que nunca se
[define.
As aeromoças que partem como numa doação da sua
[mocidade
aos deuses que as aguardarão além de todas as distâncias.
Os astronautas que convivem com as galáxias com a
[naturalidade de íntimos amigos,
e reduzem a horas maravilhadas
o que somente se mede em devaneio e ânsia.
Os antigos guerreiros que acordam sufocados como
[se estivessem de novo no terrível combate.
Os que buscam no vento fresco e livre das estradas
[silenciosas e tranquilas
as inatingíveis asas
de estranhas e frias viagens.
Os que não veem senão a luz divina nos abismos, no
[alarido

da tempestade, na boca em fogo, tirânica, da treva
[varrida de relâmpagos.
Os que nunca terão garras,
mesmo ocultas.
Os que nunca vilipendiarão, mutilarão destinos.

É um grande rio que extravasa de todos os leitos, de
[todas as fronteiras,
para unir, enlaçar hemisférios e povos.
E envolver os antípodas.

É um grande rio que ruge nas cordilheiras.
Nas cataratas.
Nas metrópoles febris. No silêncio dos trópicos.
E se agiganta nas florestas primitivas e selvagens.
E se apequena nas corredeiras.
E a tudo que possui acorrenta e fascina.

É um grande rio em cuja superfície se move o sol,
[repousa a lua.
Em cujo fundo há estremecimentos de susto e de agonia.
[E escorre, escorre
sobre rochas milenárias e vertentes
e desliza nas planícies,
e se enrosca em si mesmo
como uma víbora em disfarce
ou como uma pomba que arrulhasse para o azul e para
[o sonho.

É um grande rio aqui e ali enganosamente sereno,
[mas arquejante
no que tem de mais denso
e impenetrável.

Belo é sonhá-lo como um grão-senhor que percorre o
[seu feudo,
cioso dos seus domínios.

SÚBITA ELEGIA

1

Agonizantes.
Todos agonizantes.
Um velho violino, num velho bar, deplora
os que ainda não morreram.
As casas parecem esperar um acontecimento
que desarticule as paredes ou remova
o vasilhame das cozinhas,
parta os grandes candelabros imemoriais,
rompa o esmalte dos banheiros onde se vê
um morto no seu espanto
interminável.

Quem ri histericamente como os gatos
nos telhados da treva? Será Macrísio,
o corretor de imóveis? Ou Indalécio,
o joalheiro cego contemplando
impassíveis rubis? Morrem. Agonizam.
Todos agonizantes.
Alguém limpa um espelho tão alto e sujo
que dele emergem suspiros seculares.
Ainda agora soou um grito que há milênios
submerso ainda estava
numa ruína que ninguém visita,

ninguém visitará, talvez só exista
em mim que me procuro
entre esparsas, cruéis fotografias
amassadas num álbum
que um louco lentamente destruiu.

2

Ora, um gramofone...
São mesmo objetos que não se permitem.
São utensílios que nem mais ninguém
percebe, em prateleiras carunchosas.
Esta escada range que é o diabo, Alphonsus Filho.
Muito cuidado para subir, que o corrimão
oscila,
oscilam também tuas pernas, e teus passos
de repente se tornam os de teus avós,
de todos que subiram e enfim um dia
carregados desceram
para sumir no fim da rua, estáticos.

Cantem, por Deus, cantem para abafar
o tropel dos meus turvos pensamentos!
Eu preciso que cantem!
Eu juraria que se alguém cantasse
nem tanto a morte me surpreenderia,
nem tanto a morte em mim projetaria longas
franjas de ouro e treva,
as cortinas espessas e poluídas,
os castiçais que a escuridão deglute.

Agonizantes.
E ninguém canta.
E ninguém cantará. Nos pátios, nas
ruas das madrugadas, nas insones
janelas,
ninguém. Somente o vento sacudindo
folhas secas e um ruído
de relógios que marcam horas antigas
e galos
cantando o nascimento de outra aurora,
de outras auroras,
em outras cidades de outro mundo morto.

3

Foi ela que me escreveu, ela que já não vive,
que me escreveu (já lá se vão vinte anos)
que às vezes pensava que a vida só é perdoável
porque existem os Poetas.*
Releio a carta nítida, e contemplo
a imensa e estranha solidão da alma.
Que arrepio, meu Deus!
Que arrepio de vozes insepultas
nessa voz tão mais clara ora soando
depois de se ter incorporado à treva!
Poeta, irmã, onde estarás agora?
Eras bela e eras frágil, e no teu canto

---

* Trecho de carta de Cecília Meireles: "Às vezes penso que a invenção da vida só é perdoável pela existência dos Poetas. Naturalmente, isso é uma grande blasfêmia, eu sei; mas o mundo está tão negro!" (21 ago. 1954).

se diluíam nuvens, e o impalpável
da beleza era um ardor de cores nunca
reveladas ao olhar. Onde é que estás?
A vida é a mesma, o sofrimento agarra,
sufoca,
asfixia,
com suas mãos de magarefe. E longe
ressoa uma canção de inexistência,
uma canção irreal de mares castos
e barcos viageiros,
e uma certeza que jamais vivemos
se apodera de nós – é a hora! é a hora!
é a hora do perdão, é a hora da vida,
é a hora da poesia, imaculada
fonte de Deus molhando árvores de ouro,
é a hora! mas que hora? a vida segue
e os relógios noturnos resplandecem
marcando o mesmo inexorável rito,
os mesmos imutáveis desalentos.

4

Agonizantes.
Agonizantes todos. E no entanto
alguém gargalha febrilmente e irrompem
de uma casa iluminada música e dança,
como se fossem renovar as coisas.
Perplexas, as coisas estremecem.
Perplexas, as coisas se contemplam.
Suavemente se contemplam, ou ríspida,
duramente se negam, se repelem.

Nesta poltrona em que morreu Celusa
vou dormir o meu sono desta noite.

5

Não conheci meu pai, nem meus avós.
Ah, é verdade: conheci uma avó,
mal conheci. Chamava-se Felizarda.
Era mãe de minha mãe. Dela me lembro
com um xale preto, vestido longo, longas
mãos rugosas. Morreu amnésica em
Conceição do Mato Dentro, ela que fora
casada com o escrivão João Alves de Oliveira
e mãe da amada de um poeta. Dela
resta uma fotografia esmaecida
num quintal de mangueiras, capim alto.
Lembro desse quintal, onde com os primos
era bom ver os dias escorrendo
como o sumo de Deus na luz violenta,
rubramente estival.

Tias tive também de xale preto,
vestidas como minha mãe, todas trazendo
o cheiro do sertão, de lugarejos,
das longas horas nas ladeiras, das
frutas do campo, dos cajus e mangas,
grandes sobrados, grandes lajes, praças
com retretas perdidas na distância
e bandeirolas, foguetes, romarias
com forasteiros, com doentes, cegos,
implorações a Bom Jesus... Recordo
tio Janjão, morto em desastre, o único

filho varão que teve d. Felizarda,
e outros recordo, e tudo se confunde
com um vago tropel, vago rumor
de águas caindo,
de meninos brincando
na água clara do Poço das Andorinhas,
das corridas nos campos matinais.

6

Do outro lado, os Guimarães.
Tantos não conheci! De tio Archangelus,
poeta, no seu escritório, sempre grave,
sempre triste, eu me recordo; e de tio Nico,
manso também, e tio Artur, mais grave
e nem por isso menos irônico; e tia
Estefânia, com seu pavor da morte,
inculcado em nós ou divertidamente
por nós comunicado à própria tia
quando no chão nos deitávamos cercados
de flores, e de mãos postas
nos quedávamos até que ela nos vendo
nos reprovasse, e logo se afastasse
com um rumor de chinelos que ainda escuto.
Ah, maldades da infância, repetidas
conscientemente, mesmo sabendo
que à tia apavorava a morte... Entanto,
ela morreu suavemente, nem
perceber pôde a vinda da Sombria,
da Tenebrosa, que temia, e em tudo
devia divisar.

7

De outros me lembro.
Mas para que, meu Deus, este inventário?
Para que ir buscar por sob lápides
ossos que lá se ocultam sem lembranças
deste mesmo aflitivo itinerário?
Se agonizantes somos todos, e a hora
é a mesma sempre, e sempre o mesmo mundo
abre a sua bocaça para num sorvo
que a nada ou a ninguém distingue
arrebatar à escuridão as almas
postas à espera nas esquinas nuas
sob lâmpadas que aos poucos esmorecem?

Agonizantes.
Todos agonizantes.
Um velho violino, num velho bar, deplora
os que ainda não morreram.
E eu passo livros.
E eu passo livros sem nem ler, aflito.
E eu consulto catálogos.
Enciclopédias.
E eu espio retratos de solenes
grandes homens em chuva dissolvidos,
em poeira vermelha e relva e pedra e sombra.
E eu passo livros.
E eu ouço músicas que não me consolam
porque em si mesmas inconsoláveis. E eu teço
meus versos mesmo vendo que eles morrem,
que eles murcham como flores à medida
que no branco papel os vou depondo.
E eu me desfaço em versos, e agonizo.

E eu vejo da janela os que agonizam,
e passam. E vejo o azul. E vejo as águas.
E subitamente em mim só morte existe,
só um extenso corredor que atônito e cego
percorro derrubando
velhas cadeiras e baús. Onde é?
Onde é o caminho, agonizantes?
Árvores agonizantes, por que os frutos
que agonizam também?
Todos agonizantes.
Todos agonizantes, e eu no rumo
de uma cidade que não há, mas chama,
mas nos convoca com seu casario
prestes a esmoronar-se nas ladeiras.
E eu no rumo
das comarcas de além, eu sem lembrança,
sem mais lembranças, eu que acaso sou
ou fui, nem sei, que acaso me apodero
deste refúgio de silêncio onde
soa uma harpa que ninguém escuta,
eu que vou revolvendo velhas malas,
reabrindo álbuns mofados e gavetas
onde nada mais resta senão as teias
indissipáveis dos já idos dias,
das idas ceias, dos silêncios, dos
restos de vela que já não iluminam,
que iluminaram rostos pálidos voltados,
de olhos cegos,
para a esteira de um teto que nem há.

AO OESTE CHEGAMOS (1962-1965)

PARA O OESTE SEGUIMOS

Para o oeste seguimos
desde sempre. Nas cartas
já se lia, nas leis
se adivinhava, o nome
de uma cidade oculta
na distância, nas almas.

Para o oeste seguimos
desde sempre, tal como
correição de infindáveis
obreiros, construindo
o seu próprio destino.

Para o oeste seguimos
desde sempre, no vau
dos rios sonolentos,
dos córregos que guardam
o silêncio dos pássaros.

Para o oeste, assim como
quem de um mirante avista
o reflexo de uma

cidade imaginária
e, para ter, inventa-a.

Para o oeste seguimos
e de repente como
quem vê da própria noite
uma fogueira
subir, eis que no oeste

irrompe uma cidade
cega de luzes... Irrompe,
em luzes, a cidade
que no oeste buscamos,
desde sempre.

O AEROPORTO

Quando a cidade amanhecia apenas,
só, no ermo campo, a faixa do aeroporto.
Era ele, não mais, o grande porto
das grandes aves de perdidas penas.

Amanhecia, apenas, a cidade.
Mas o aeroporto lhe trazia a estranha
emoção de uma outra imensidade,
para afagar a solidão tamanha

do seu silêncio vegetal. Apenas,
no ermo de um campo, a faixa do aeroporto.
O imenso mundo vinha ter ao porto,
nas grandes aves de perdidas penas.

LÚCIO COSTA

Lúcio Costa, bem sei que esta é a cidade
que, clara e exata, no papel riscaste.
Mas assim como é foi que a sonhaste?

Como a quiseste, quando no teu risco
ela se foi aos poucos definindo
com o seu poder de força e de verdade?

Como a tiveste, Lúcio? Descobrindo?
Estava dentro em ti ou a procuraste
para que tudo nela se fizesse

puro, real, tão puro e verdadeiro?
Foste tu que primeiro a imaginaste?
Ou ela, Lúcio, te empolgou primeiro?

AO OESTE CHEGAMOS

Ao oeste chegamos
vindos de muito além.
Lá onde suspiramos:
– O oeste quando vem?

Do setentrião, o oeste
era o mesmo que se via
do sul; visto do agreste,
da caatinga, da fria

solidão das coxilhas,
das montanhas centrais,
do silêncio das ilhas,
dos pampas, dos gerais,

sempre era o mesmo e puro
– de pureza agressiva –
apontando o futuro
a toda a grei nativa.

A CATEDRAL

São mãos em apelo, mãos
em apelo, voltadas
para o que é longe e puro.
Do chão vermelho surgem
– mãos, apenas – abertas
como asas a quem o voo
negassem; como vozes
nunca ouvidas, clamor
nunca atendido, pranto
ou canto de esperança,
voltadas – mãos, apenas –
para o que é longe e puro.

Pois que ventos terríveis,
que noites crespas, que insano
uivar de mar e treva,
que tempestade acaso,
que tormenta diria

mais que estas mãos humildes,
– mãos, apenas – voltadas
para o que é longe e puro?

LUA DE BRASÍLIA

Lua de Brasília,
lua de Goiás,
lua plena, filha
da noite que em mim faz;
lua que deslizas
pelo céu e em mim,
levada nas brisas
como vão assim
a nossa esperança,
nosso devaneio,
lua em que descansa
toda a dor que veio
da vida e ficou
nessa luz boiando,
na diafaneidade
desse de cristal
chafariz de bruma
que já nem sei quando
sobre o meu silêncio
senti latejando;
lua de Brasília
a que preso estou,
lua de Goiás
que me inculca paz,
lua derramada
sobre escadarias,

lua deslembrada
de remotos dias,
lua de Brasília,
lua de Goiás
– qual frustrado, insano
cosmonauta, vou
no teu rumo, além
da rua onde estou,
muito além de mim,
muito além da rua,
aonde mais ninguém
terá ido, lua,
seguindo teus passos
nos telhados úmidos,
beijando-te, a espaços,
nos teus seios túmidos,
muito além de mim,
muito além da rua,
como vai assim
tudo quanto esplende,
em vão reverbera
nessa paz que rende,
nessa primavera
que doce halo faz,
que tão casta brilha,
lua minha? lua
visionária, estranha,
que não és senão
a que me acompanha
sempre em solidão,
que não mais serás
que remota ilha
perdida no peito

deste caminhante,
deste caminhante
que te sabe filha
da ilusão do amante,
ah remota ilha
que és e serás,
mais que lua, a doce
lua de Brasília,
lua de Goiás...

MANHÃ EM BRASÍLIA

Brasília ao amanhecer.
A luz varre o planalto, num longo afago.
Como tudo é mais simples!
Simples a luz, o pão,
simples o homem que passa
sem saber que caminha no futuro.
Candangos se misturam à efusão matutina, operários
                                     [da própria
manhã; os edifícios que ergueram são (e eles ignoram)
como uma doação que houvessem feito à vida.
O homem na bicicleta,
as crianças que correm nas superquadras,
o padeiro, o leiteiro,
o funcionário suspiroso,
a patente militar, a autoridade civil,
confraternizam,
se confundem.
Esta é Brasília.
Brasília, ou a própria manhã?

PRIMEIRO ROMANCE DE BRASÍLIA

– Amigo, em teu sonho andejo,
que outras terras não cruzaste?

– Os campos, com seu contraste,
eu com estes olhos revejo:
homens rudes extraindo
da terra escura a alegria
da couve-flor, beterrabas
e dos verdes ananases.
De homens humildes fluindo
as cores mesmas do dia.

– Assim nunca mais acabas.
Que boas novas nos trazes?

– As novas de que de velhas
mãos gretadas, feias, sujas,
nasciam coisas mais belas
que as frescas águas serenas.
O vento em tudo zunia.
Caíam antigas chuvas.
E no entanto em tudo apenas
a luz cálida do dia.

– E nem te lembraste acaso
de descansar em Brasília?

– Não demora muito eu caso,
planto aqui minha família.

– Aqui também estarias,
como nos campos, em paz.

– Eu já vi rolarem dias
no silêncio que aqui faz.
Ouvi também o ruído
das picaretas, dos malhos,
tratores, escavadeiras,
e em tudo explodir a vida
com som dantes nunca ouvido.
Pureza de céu, orvalhos,
e os descantes, e as fogueiras.
Não eram frutas, verduras,
mas casas que as mãos erguiam,
edifícios luminosos
para tantas criaturas
que de longe é que fluíam
a ver com esperançosos
olhos, da terra amorável
subir uma flor de aço,
de ferro, vidro, madeira,
grande flor imperturbável
a se insculpir no espaço,
grande rosa alvissareira!

– Aqui então detiveste
o teu passo, alguma vez?

– Eu vim no rumo do oeste;
foi o oeste que me fez.

– Não ficarás, por acaso,
a descansar em Brasília?

— Não tarda muito eu me caso.
Planto aqui minha família.

SEGUNDA FALA DE BRASÍLIA

O que sou, no silêncio,
no murmúrio do agreste,
o que sou me perturba:
estuário da grande
pátria rompente, ardo,
em chama me consumo,
e em chama me aquieto.

De mim partem as estradas:
eu quisera ir com elas.
Se a Amazônia me chama
com um rumor de mistério,
o mar ao longe estende
seu dorso para a fuga
impossível, e dos vales,
dos belos
buritizais, um sopro
de mar, de rio-mar,
se levanta, e me arrasta.

Sou uma barca apenas
nas mãos rijas do vento.

A mim chegam as estradas:
trazem os litorâneos,
trazem os nordestinos,
trazem mediterrâneos,

trazem também sulinos.
Chegam, com as estradas,
os irmãos brasileiros,
e em mim se projetam
regiões desiguais,
e vidas desiguais,
e dores nunca iguais.

O que sou, no silêncio
do agreste, me perturba.

Dos edifícios altos
às casas de madeira,
o que sou me perturba:
estuário da grande
pátria rompente, vário
e sempre incerto espelho,
pois que às flores de ferro
de jardins nunca vistos
se misturam as humildes
flores do mato, e eu ardo,
em cores me consumo,
e em mim a pátria anseia,
e em mim a pátria espera.

Sou uma barca apenas
nas mãos rijas do vento.

ROTA

– Pois esta é então a indesviável rota?
– Sim. Por ela irás ter à cidade nascente.
– Que sopro bom de madrugada suspirosa!
– Vai, cidadão brasiliense.

– Que sopro bom dos cimos maravilhados,
das luzes frescas, brisa azul, águas tranquilas.
– Foi assim, sempre assim, desde anos transatos.
De que mais ainda precisas?

– O sol chega, o bom sol dos matagais que chiam.
O campo é enorme como enorme é esta esperança.
– Muito além, muito além outras águas deslizam.
Que luzes buscas, que te encanta?

– Quero apenas viver os dias, noites, horas
de sol e chuva e estrela e espera. Quero a vida.
– Segue. Que em tudo há claridades ansiosas.
É a manhã que te agita.

– Quero apenas o sol que os chapadões afaga,
e o verde, o azul, o vermelho da terra ardente.
– Em paz. Que siga em paz. A estrada é sempre larga.
Vai, cidadão brasiliense.

– Não tarda mesmo a entrada do Sítio Castanho?
Tudo freme na luz; deve fremir a cidade.
– Vai, cidadão; o sol é sempre este: um sol e tanto.
E há paz. Pois vai em paz. Que a manhã te arrebate.

– Quero mesmo é viver. Quero a vida que ofega.
Quero mais, meu irmão, que esta brisa e esta paz.
– Esta estrada a outra estrada, a outras vidas leva.
Outro sonho te levará.
– Saúde, irmão! Que bela a visão da chapada,
e mais além a várzea e ainda além a vertente.
– Este vago rumor é de alguma cascata.
Ou da brisa brasiliense.
– Saúde. Fica em paz. Neste embornal eu levo
matalotagem pouca. Em breve hei de estar lá, pois não?
– Que Deus te guie, irmão; a Deus é que te entrego.
Brasília chega com a manhã.

POEMAS DA ANTE-HORA
(1967-1970)

POEMA

Vamos abrir inesperadamente
uma janela ausente sobre ausente
vale.

Cânticos soarão, e brancas asas
irão esfacelar-se contra casas
sem que se cale

o pássaro da morte, e seu segredo
até prometa revelar-se cedo
demais. Então

possível é que um sol não visto esplenda
e seja real o que sugere lenda
e o real, ilusão.

BELO É O MUNDO

Belo é o mundo.
Belos os campos, vales e cidades.

Mas cega é a carne.
E cega é a alma.
Belo é o azul,
e belo o sol e as noites estreladas.
Mas frágil é o homem.
E estranho seu destino.

Instantes há contudo em que integrado
na geral plenitude,
eterno é o homem,
pairando sobre as coisas.

MOSTRUÁRIO

Que absurdo mostruário
não é esta alma gasta!
Coisas de um sabor vário
numa visão mais casta.

Com cautela desliza
neste museu de assombro,
sentindo vaga brisa
te arrepiar o ombro.

Que o que vês ou pressentes
no mostruário fundo
é uma sombra de ausentes
vidas de ausente mundo.

SUSPENSÃO

Era um estalar de caibros, vigas, madeira velha,
e uma atmosfera assim de previsões sinistras.
Ícones tristes nos fitavam dos desvãos, de barbas rís-
[pidas
e empapuçados olhos. Cantava um antigo coro
de figuras nem mesmo ridículas, de tão humanas,
humanamente frágeis. E um ancião de mãos muito
[longas e brancas sacudia
um hissope, num ritual que não findava nunca.
A nave era imensa, revestida de ouro escurecido, e a
[tarde
se infiltrava pelos vitrais, coleante. De súbito
um tropel, risos de crianças, a vida lá fora chamando...
E era absurdo estar ali e estar lá fora, e era absurdo
[estar vivo e estar morto,
enquanto o coro persistia e a mesma profética incerteza
nos subjugava como cadeias aparentemente insigni-
[ficantes
mas na verdade penosamente resistentes como os
[bancos, a talha do altar, as colinas
em que se apoiava não só o templo mas nossa angús-
[tia multissecular pousada como longas asas exaustas
sobre uma paisagem desconhecida de onde deveria
[emergir a visão sobre-humana,
alguma face que afinal justificasse tudo,
sem escarnecer do nosso assombro,
antes capaz de chorar conosco sobre nossas próprias
[cinzas.

DEUS DÓI EM MIM

Deus dói em mim. Feriu-me
Deus. E eu o feri.

Deus dói em mim. Agora
sinto que tudo é um sol ainda oculto
mas cuja luz pressinto iluminar-me
e até mesmo aquecer-me.

Entre longas camadas de silêncio
foi que mais escutei. E Deus feriu-me.
E eu também o feri. No entanto sinto
– como dizer sequer? – que os dois feridos
resplandecem na treva. E a Deus jungido
cresço além de mim mesmo e não me encontro
senão no que não tenho mas existe
no mais fundo da carne, e me tortura.

Deus dói em mim. E a noite
acende algum caminho em que amorteça
esta angústia de estar aqui e além,
de ser ao mesmo tempo alguém que a morte
reconstrói e desfaz a cada instante.

Atiro contra a treva inúteis dados,
ganho, perco, que importa? Resta apenas
um vago
sopro cruel de coisas esvaídas,
arquitetando um mundo mais real.

É DIA, SIM

É dia, sim; também é uma terrível
esperança, não sei em que fundada.
Tudo em nós é o ofego do invisível;
cai nossa mão na luz, paralisada.

E de tudo – fungível, infungível –
de tudo, esta corola decepada.
Alguém te diz além: "Sim. É possível."
Mas sabes que já não é possível nada.

Relê teus versos, pois relê! Percorre
teus papéis empilhados, nas estantes
procura o livro que ninguém teria.

Ou então deita-te aí, deita-te e morre,
morre por todos os agonizantes,
pleno do sol de um nunca visto dia.

CERÂMICA DE UMA ALMA...

Cerâmica de uma alma: que agonia!
Plasmá-la de tal sorte, de tal jeito,
que seja o arfar pungente, insatisfeito,
de luz que ela não tem nem tem o dia.

E plasmá-la com raiva, com despeito,
e plasmá-la com febre, até diria:
plasmá-la com a torpeza que a vigia
mas a que foge sem deixar o estreito

caminho que é seu sonho e seu tormento.
Plasmá-la com temor, plasmá-la e tê-la,
e vê-la se elevar, cega andorinha,

e então gritar: "Que queres dela, ó vento?
Que queres, mundo? Não, não vão perdê-la!
Eu sei que ela não é, mas já foi minha!"

SONETO DA PERMANÊNCIA

De tanto me ir, de estar sempre chegando,
que sede em mim de alguma permanência!
Não sei se estive além e nem sei quando
voltarei, porque tudo é inexistência.

O sol nunca terá a mesma ardência
mas sempre, sempre me estará chamando.
E eu não me irei porque sem consistência
é o chão de sonho que ora estou pisando.

Cidades vi que agora me aparecem
como nunca jamais nem terão sido.
E as grandes vozes que conturbam, crescem

mas de tão longe que eu direi somente
que não me fui, que, se eu tivesse ido,
não estaria chegando eternamente.

OS CASTIÇAIS

Os castiçais acesos se depunham
sobre mesas de pinho, descobertas.
As grandes portas iam ser abertas.
Mas aqueles que abertas as supunham

contra elas, sonhando, se atiravam,
e feridos quedavam na alta escada.
Uma estranha mulher trazia cada
castiçal e nas trevas que aumentavam

outra luz, qual mais débil, acendia.
Um gemido, outro mais. Rangiam portas,
outra luz se acendia, e a noite vinha,

e vinha a madrugada, e vinha o dia.
As velas se apagavam, quase mortas.
Dentre elas estava a que era a minha.

O DIÁLOGO

Em camaradagem com Deus, um pintassilgo.

Que se devem dizer um pintassilgo e Deus?

SÚBITO SONETO DO ALCAIDE

Agora é noite, Alcaide. Vou passando
por teus domínios com uma incerta pena
de ter tão tarde ouvido o mar uivando
às margens desta vila, que é serena

como uma vida que findou. Fugindo,
vejo o tempo fluir e a soberana
morte crescer, a tudo mais aluindo
com a sua carantonha cega e insana.

Mas, Alcaide, o que eu digo é que ora passo
e te aceno, no ingênuo cumprimento
do povo bom que vive a amar o mar.

Não, absolutamente não é cansaço.
Eu passo, Alcaide, como passa o vento.
Talvez, como ele, possa até voltar.

ABSURDA FÁBULA (1969-1972)

NÃO SEI

Não sei onde começa o céu e nem acaba.
O infinito se dissolve como números na névoa.
Vou-me, porque a voz que chama é a mesma que
[chamava.
Será a mesma, acaso, a mão que ainda me leva?

DE REPENTE, DO BOLSO

De repente, do bolso,
caiu-me o poema.
Um poema não escrito.
Que me lembrava um pássaro em voo
para o azul mais inocente.
Um poema simples.
O poema mais puro.
Penoso era vê-lo assim,
pássaro branco, e cego,
sequioso de azul.

SORTILÉGIO

Dir-se-á quereres ver onde nem Deus veria.

NA LUZ ABSURDA

Há uma luz absurda despenhando-se...

Despenhando-se, ferindo
com adagas de cristal a dor da sombra.

Na luz absurda, absurda fábula, o homem
abre janelas que se vão no vento...

LUNESIA

Existirá a lua?
Os astronautas?
Agora tudo que houve nunca houve.
A terra
da lua se dissolve em mãos
que em lua se dissolvem.
Tudo é um sopro
de vaga lunesia
cobrindo com seu hálito distante
o que diluído em frio não é mais.
O homem contempla,
contemplado.
E tudo volta ao início.

E tudo se recria
no incriado.

Agora tudo que houve nunca houve.
Transluminosamente inabitado.

POÉTICA

Não me busqueis no texto: eu fui sonhado.

SÓ A NOITE É QUE AMANHECE
(1972-1975)

COISAS

O destino das coisas que de úteis se tornaram inservíveis:
uma faca torta, um pente partido, uma lima sem prés-
[timo, um serrote
sem dentes; o destino das coisas que de belas se tor-
[naram terrivelmente desnudas:
uma dançarina envelhecida; uma casa em ruína; um
[parque já sem pássaros,
sem animais e flores; o destino do que existiu apenas
[um momento
e todavia persiste infatigavelmente:
a certeza de Deus num coração desprovido
de qualquer contato com o divino; a emoção da pala-
[vra que iluminou qualquer desvão da alma,
a imobilidade do poema, sua translúcida e cruel pobreza,
seu ar assim de folhagem murcha num jarro que não
[existe mais,
que podemos até gritar que existiu, embora ninguém
[acredite.

FARELO

Que pequenina coisa não és, sonhando!
Que farelo de Deus sobre a calçada...

E de repente é um sopro de infinito,
é um desejo de estar já mesmo estando,

de beijar qualquer boca iluminada,
de agonizar nas almas como um grito...

DISCURSO NO DESERTO (1975-1981)

DISCURSO NO DESERTO

> *Tudo quanto eu quis de mais vivo*
> *tinha por cima escrito: "Não".*
> Cecília Meireles
>
> *É sempre no meu não aquele trauma.*
> Carlos Drummond de Andrade

Podes depor em qualquer mesa
tua tristeza.

Em qualquer prato
a morte: um fato.

Em qualquer pão
o nó do não.

Em qualquer ai
tua dor de pai.

Em qualquer grito
silêncio aflito.

Podes depor
onde que seja teu desamor.

Em qualquer
jarro a flor que ainda houver.

Em qualquer taça, mesmo partida,
o que supunhas talvez ser vida.

Depor no vento
teu desalento.

Depor no norte
mais do que morte.

Depor no espaço
mais que cansaço.

Depor na ilha
mais que vigília.

Depor no mar
teu retornar.

Depor, depor
talvez amor.

Podes deitar no travesseiro
o pesadelo desse argueiro

que te magoou o olhar insone.
Depor na noite que em ti ressone

(na noite insone), pelos lençóis
que se coraram em quantos sóis,

pelas cobertas
agora murchas e desertas,

na velha cama
onde algum morto há que te chama,

e na cozinha
onde a manhã já se esfarinha

tal qual teu pão,
depor um não

desalentado,
frio, crispado,

que não quisera
teu sonho, vago cair de hera

em vagos, destroçados muros
assim presentes, e futuros.

Podes depor em qualquer bar
o desencanto de não amar.

Numa garrafa verde e retesa
a tua última certeza.

Sobre um lavabo
teu próprio inútil menoscabo,

água cansada
que cai das coisas como do nada,

e é o próprio nada. Podes diante
do fascínio de um restaurante

deitar certeza que nunca some:
a de que a vida, voraz, se come.

Podes depor, como um talher,
a própria vida – tua mulher,

teus filhos, todos que amaste, amas,
teus pais mortos e irmãos e flamas

e risos, cantos, natais perdidos,
aniversários consumidos,

o sono exausto dos parentes,
contraparentes, dos ausentes;

podes depor, como uma faca,
esse delírio que te ataca

logo quando te julgas liberto,
e te conduz por um deserto

interminável, podes depor
seja o que for

que tudo, tudo, tudo, tudo,
se não me iludo,

te sorrirá de escárnio e mofa,
te sujará como farofa,

te enrolará como uma corda
feita do fel que já transborda

de cada coisa que quiseste,
tu, herdeiro da grande peste

a que alguns ousam chamar destino
e engana como cristalino

arfar de luz na madrugada.
Podes depor nalguma escada

teu corpo malferido e inútil,
a tua roupa, que foi consútil,

a esmoronar-se como teu sonho,
podes depor (que mais deponho,

que mais deponhas?) podes depor
seja o que for onde que for

que nas paredes e nos vitrais,
que nas estrelas e nos cais,

que nas praças fluorescentes
e nos asilos de dementes,

nos edifícios transfigurados,
e nos letreiros já apagados,

nas tuas coisas ou nas vidas
de ti provindas e em ti perdidas,

ou então naqueles de que provieste
para este reino que assim te investe,

assim esplende de exausta cor,
podes depor

seja o que for onde que for
que nunca hás de saber que dor

foi que criaste com tua mão
(ou foi a vida?): crispante *não*.

DEVORAR

Devorar esses livros como quem
come folhas de alface. Devorá-los,
de muitos condimentos salpicá-los,
para que afinal nos saibam bem.

Não feri-los, roê-los, esmagá-los.
Devorá-los com a fome que nos vem
da esperança talvez de iluminá-los,
de revelá-los sem tristeza, sem.

Não impulso de papirofagia,
ou de quem come cinza. Tão-somente
ir ao cerne da noite que os retém.

Devorá-los com certa nostalgia,
em nós fundi-los derradeiramente,
e então deixá-los como lhes convém.

JÁ

Já me cansei do ofício triturante
de procurar o sumo das palavras.
Quero outra voz, não esta que foi minha.
Quero outro sol, não este que anoitece
meu coração e o crispa e o farpa e deita
âncoras a cegos, barcos para os mortos.

Oscila minha voz entre o clamor
da vida ensanguentada e perseguida
pelos punhais de fogo do real.

Vou pelas ruas que não vi; não quero
ver nas fábulas mais que nas calçadas.
Quem canta? Já me canso do que cantam.
Já me canso dos cantos dissipados
como grandes hortênsias nos jardins
onde rendeiras cegas bordam harpas.

Já me cansei dos portos invisíveis.
Do silêncio das casas cor de morte,
dos quintais onde há frutos para bocas
surtas do sulco em brasa da agonia.

Já me cansei do ofício triturante
de procurar o sumo das palavras.
Pois se palavra sou, se sou o verbo,

quero me inocentar de quanto fere
meu desalento e solidão, criar-me
à minha própria semelhança, ter
uma certeza ao menos entre instáveis
e vacilantes coisas que me olham
como se alguma culpa lhes pesasse,
como se a minha culpa lhes pesasse.

Quero uma voz que cruze o ser e varra
essa fina poeira incandescente
em que de todo me queimei sonhando,
desconhecendo.

NESTES SONETOS

A Afonso Félix de Sousa

I

Nestes sonetos vou dizer de tudo
que mais sonhei: do amor que vi pendido
como, digamos, animal ferido,
cruzando coxo um último caminho,

o último dos últimos; e um surdo
mas permanente anseio de indeciso,
de hesitante doer do que indiviso
ficou no olhar como na carne o espinho.

Amor, expectação, tortura, fome
de uma verdade esfarinhada ao vento,
sol que subitamente nasce e some.

E em meio a sentimentos destroçados
a esperança: que fique um sentimento
ao menos nestes olhos já cegados.

II

Que fique ao menos nesta de um arame
farpado e cruel cerca feroz que impede
ter o que a vida em seus desvãos concede,
a flor de casta chama e puro brilho.

Que quanto amarmos, se ainda amarmos, clame
dentro das coisas, e que não despreze
nossa atribulação a luz que pese
como num pai o triste olhar de um filho.

E então, sem que possamos suportá-lo
mais que um segundo, o sopro da verdade
varra a face do ser para salvá-lo.

E cego embora e mudo embora o homem
das claridades chegue à claridade
que seu assombro e sua angústia dome.

III

Nestes sonetos vou quebrar a cama
onde dormiram mortos mal lembrados
e para sempre à sombra nossa atados
buscando um outro sonho que os inflame.

E vou quebrar esse candil que a chama
insiste em dar dos dias insensatos,
e xícaras de fel e os belos pratos
em que a fome dos mortos não mais clame.

Nestes sonetos feitos de cansaço,
de uma procura que nem tem motivo,
que fique ao menos um calor de vida:

este gesto de adeus, ou então meu passo,
esta incerteza rude de estar vivo,
esta paz que é pungente, e me convida.

DESTROÇOS

Destroços de um jardim andam comigo.
Uma ave (se cantou alguma ave)
deve num galho seco ter morrido.

E seu canto em meu peito já não cabe.

VIAGEM DE DRUMMOND

Fazendeiro do ar, no ar, no som,
que quer Drummond?

Que quer Drummond a pesquisar
nas coisas findas
(muito mais que lindas)
o que não há de ser senão amar?

Que quer por entre
o dissonante
deblaterar
de um mundo
em que mister é que o olhar concentre
para um tanto travor e desalento
crispante
garimpar,
no luminoso ou torpe, no alvo ou imundo,
o que perdura e não se vai no vento?

Que quer Drummond
o próprio verbo vendo
reabrir-se e entrefechar-se,
iluminar-se e rebelar-se,
com a pungência que em tudo vai crescendo
para quem de ver fundo tem o dom?

Entre terras de ar, cercas de sonho,
que quer Drummond,
por onde vai Drummond,
por onde vai, adiante,
mais adiante
do que não sendo mais que um só instante
exige chama para iluminá-lo,
mais adiante,
ali onde nos serve o diamante
do dia, cada dia, a recriá-lo?

RECADO

Como se me trouxesse algum recado
do céu, uma ave entrou-me pela casa.

Ficou em tudo um frêmito de asa,
frêmito breve de um inesperado

mundo feito de sol, de céu, de canto.

Como se me trouxesse uma certeza

que sacudisse meu cansado espanto,
entrou, se foi, e mais do que indefesa

pareceu-me, não sei, estranha e forte
tal como o sopro da manhã, do dia,

algo tão belo que eu não entendia,
a pobre vida dominando a morte.

Como se me trouxesse algum recado...
E o recado ficou, indefinido,

pairando em mim, vago e transfigurado
pássaro ausente num jardim caído.

NOSSA MORTE

Se trazemos conosco nossa morte,
se ela conosco vai e amadurece,
a morte sofre muito e não parece;
mas eu bem sei: quer se fazer de forte.

Ela não tem nem chão como suporte,
é vento que se esvai ou se estremece
no que mão nunca vista em nuvem tece,
por mais que a nuvem seu desenho entorte

e se transforme em nada, transparente.
Se a trazemos conosco, me consola
saber que quando enfim eu for somente

tudo que quis e que não pude ter,
poderei me dizer: "Ela está morta.
Minha morte não tem mais de morrer".

NÓ (1979-1981)

O POETA E O POEMA

Nenhum poema se faz de matéria abstrata.
É a carne, e seus suplícios,
ternuras,
alegrias,
é a carne, é o que ilumina a carne, a essência,
o luminoso e o opaco do poema.

Nenhum poema. Nenhum pode nascer do inexistente.
A vida é mais real que a realidade.
E em seus contrates e sequelas, funda
um reino onde pervagam
não a agonia de um, não o alvoroço
de outro,
mas o assombro de todos num caminho
estranho
como infinito corredor que ecoa
passos idos (de agora,
e de ontem e de sempre),
passos,
risos e choros – num reino
que nada tem de utópico, antes
mais duro do que rocha,

mais duro do que a rocha da esperança
(do desespero?),
mais duro do que a nossa frágil carne,
nossa atônita alma,
– duros pesar de seu destino, duros
pesar de serem só a hora do sonho,
do sofrimento,
de indizível espanto,
e por fim um silêncio que arrepia
a epiderme do acaso.
E por fim um silêncio... Nenhum poema
se tece de irreais tormentos. Sempre
o que o verso contém é um fluir de sangue
no coração da vida,
no pobre coração da vida, aqui
paralisado, além
nascente no seu ímpeto de febre,
no coração da vida,
no coração da vida,
(da morte?)
e um frio antigo, e as bocas
cerradas, olhos cegos,
canto urdido de cantos sufocados,
e uma avenida longa, longa, longa,
e a noite,
e a noite,
e, talvez, um sublime amanhecer.

Nenhum poema se faz de matéria abstrata.
De delírios de Midas? de delírios
de vagas sombras em pátios de hospitais?
de humildes delirantes? de certezas,
incertezas, pavores,

mágoa dos mais sensíveis ante o ríspido,
insólito espetáculo?

Quem dirá, quem dirá de que se tece o poema?
Não o sabe o poeta? O poema o ignora?
Sabe o poema que é poema?
Receptáculo de penosos gritos
em surdina ou suspiros vãos tornados?

Sabe a vida que é vida?
Sabe a morte que é morte?
Quem construirá o poema isento,
quem do grito ou do mudo espasmo construirá
o poema isento?

Não há poema isento.
Há é o homem a seguir a si mesmo no meio
de inumeráveis sombras
asfixiadas,
asfixiantes.
Trituradas.
Ou nas manhãs mais lúcidas. Na luz
maravilhada,
nas grandes portas do maravilhoso,
e o cálido sopro e o beijo da euforia
mais alta,
mais alta, casta e transfiguradora.
Ou nas noites insones escorrendo
como hostil e febril jorro de asco
e torpe desencanto,
casa sem portas, sem qualquer fresta, fechada
no seu próprio e cansado labirinto.

Não há poema isento.
Há é o homem.
Há é o homem e o poema.
Fundidos.

NA GRANDE SALA A PÊNDULA

Na grande sala a pêndula, o respiro
de antigo vento pelos corredores.
Lá vai a vida no seu mesmo giro,
seus acres labirintos impostores

que nos deglutem. Sempre a mesma janta,
mesmo pão, mesmos risos, mesma e tanta
solidão. Arremete, onde nos vamos,
uma pobre lembrança que arrastamos,

que a si mesma a lembrá-la nos ensina
e a pleno esquecimento se destina
num silêncio maior e mais terrível.

Lavam-se pratos, dá-se a vida ao lixo.
E resta o homem, esse pungente bicho
que quer mais, muito mais do que o invisível.

SONETO DA MEDITAÇÃO

Estes móveis são teus? Grave ironia.
Sabes que não são teus os teus pertences.
Pois se nem mesmo és teu, irmão, se o dia
e a noite te confundem, se não vences

esse terror do frágil ser que a brisa
arrasta como o temporal mais denso...
Se sonhas mas sabendo que a indecisa
alma se estorce sobre um campo imenso

onde alguém, que não vês, te grita e chama.
Estes móveis são teus? Tua esta casa?
Tua a mulher que amas? E os filhos, teus?

Barco que se perdeu em pedra e lama,
pássaro exausto de ferida asa,
para um momento... aí vem Deus! vem Deus!

SONETO DO AMOR FIEL

Numa vida imperfeita, no imperfeito
mundo – sozinhos e desenganados –
da afeição que ilumina iluminados
como de um sol oculto em nosso peito,

que em nós subitamente se levante
a delicada, a matinal lembrança
do que chama nos foi sendo esperança
e hoje é nuvem pousada em céu distante.

Flua de nossas almas luminosa
serenidade, e em paz alimentemos
o que o mundo tornou em rebeldia.

Que o sentimento seja a frágil rosa
à beira de um abismo que não vemos,
cegos de tanto respirar o dia...

VELEM

Velem depressa os rostos assustados
desses mortos que há pouco, ao desvario
desta cidade, foram trucidados.
Velem depressa, que já chega um frio

como não houve igual. Hora é de ir
maldizendo essa série de Cains
que de algum modo vêm nos ferir.
Hora é de maldizer esses que os fins

de tudo em negridão e horror transformam
e fazem a seu modo outras colheitas
sinistras, com sinistros gestos cruéis.

Recolhem vidas cegamente e enformam
seus sentimentos pelas mais estreitas
usanças destas trágicas babéis.

SONETO OBSESSIVO

Os talheres brunia. Minudente,
os talheres brunia. E assim fazia:
esquadrinhando muito, ela brunia
os desvãos dos talheres. Paciente,

lentamente brunia umas colheres,
garfos e facas já de antigamente.
Os talheres brunia, minudente,
com idas e findas mãos de outras mulheres.

Os talheres brunia. Minudente.
Na sala silenciosa, lentamente
os talheres brunia. Mão segura,

os talheres, tranquila, ia brunindo.
Os talheres brunia, repetindo
a mesma e minudente brunidura.

DEITAS TEU CORPO EM FLOR

Deitas teu corpo em flor no campo claro
e toda ao sol te entregas, matinal.
Um perfume de luz se espalha qual
puro delírio, canto esquivo e raro.

Sorver o aroma, recolher o puro
estremecer de flor, ó pólen, ó mel
que irrompendo de tudo vibra em céu
de água a cair das coisas num futuro

instante de fantástica beleza
e de beijo e de afago e de um supremo
arfar de chama em límpida penugem.

Deitas teu corpo em flor, e a natureza
funde-se em ti no alto silêncio extremo
de volúpia desfeita em brisa e nuvem.

LUZ DE AGORA (1987-1990)

POEMA SONHADO

Para Hymirene

Se não for pela poesia, como crer na eternidade?
Os ossos da noite doem nos mortos.
A chuva molha cidades que não existem.
O silêncio punge em cada ser acordado pelos cães
[invisíveis do assombro.
Os ossos da noite doem nos vivos.
A escuridão lateja como um seio.
E uma voz (de onde vem?) repete incessante, inces-
[santemente:
Se não for pela poesia, como crer na eternidade?

UMA NOITE SÓ TUA

Carregas no teu bolso uma noite só tua.
Um poema? uma canção? o rascunho de um grito?
Supões (por que o supões?) que te mudaste em mito.
Que não és (se já foste) e que a alma é fria e nua

como uma extensa praia, uma deserta rua.
Um poema? uma canção? o rascunho de um grito?
Carregas no teu bolso uma noite só tua.
Vais levando contigo um tátil infinito.

Supões (por que o supões?) que não pertences mais
à terra, nem ao céu: o que quiseste, aflito,
é cinza só, e nuvem. Num silêncio cais

tão forte e tão absurdo, que teu corpo flutua.
Um poema? uma canção? o rascunho de um grito?
Carregas no teu bolso uma noite só tua.

SONETO

A Maria José de Queiroz

A uma réstia de sonho chamam vida.
A uma sombra maior chamam-lhe morte.
Vida e morte, não mais, pouso e suporte,
sopro de permanência e despedida.

Uma treva febril noite é chamada.
A uma luz mais febril chamam-lhe dia.
E entre elas se põe a estrela fria
que irrompe como flor da madrugada.

Paira em tudo um silêncio que anoitece,
que amanhece, e que vence todo ruído,
e como sol não visto num perdido
horizonte se esfaz e se retece.

Tudo é longe demais, por demais perto.
E a alma, que faz neste feroz deserto?

MÁQUINAS

Lubrifiquem-se as máquinas cegas,
implacáveis.
Lubrifiquem-se
todos os êmbolos,
todas as roldanas.
As triturantes e denticuladas
máquinas que nos circundam
lubrifiquem-se.
Na vida suja e poluída haja
um estridor
um súbito mover-se
de mil hélices.
Lubrifique-se a alma.
Que ela se embarafuste na engrenagem,
e rodopie.
E seja um parafuso, um prego, uma haste,
e tudo seja e nada seja enquanto
todas as máquinas ceguem
todas as máquinas girem
e a vida esvaia-se num gemer de imensas
bocas de ferro,
carnes de ferro,
almas de ferro,
almas – mas almas feitas ferro, e sangue.

O TECELÃO DO ASSOMBRO
(1975-1999)

SEGUNDO POEMA DOS OITENTA ANOS

O eterno indagar: por que chegamos?
E na viagem que se segue inquieta
e trepidante, quem em nós secreta
pungir ou alegria indecifrados,

que se fundem, se esvaem, quando vamos?
Cada década se esfaz e como pesa
depois, sentir o ido! O que se preza
é algo que veio num rolar de dados.

Mas eis-me aqui, jungido a este momento
em que tudo é um volver para o já sido
que eu busco em vão nos seus desvãos reter,

vendo que a sombra de um veleiro lento
é tudo o que restou de um cais partido
onde espantoso mar devora o ser.

POEMA

A alma que nasce em nós quando nascemos
é a mesma que nasce em nós quando morremos?

E quando em nós tudo se esvai, se esquece,
quem sabe se um outro sol é que aparece?

Ah, o sol que nasce em nós quando nascemos,
que a todo instante temos, e não vemos,
será a luz de Deus, quando morremos?

E só então nós nos revelaremos
nos círculos mais fundos onde ardemos?

E só então, no escuro, nos veremos?

CANÇÃO

Não lamento os mortos.
Não; não os lamento.
Já cruzaram portos
sob estranho vento.

Aos vivos, lamento.
Porque cegos vão,
levados num vento
de alucinação.

Porque vão calados
ocultando (a quem?)

segredos crispados
que os mortos não têm.

IMPASSE

Sinto a febre das horas nas mãos gastas.
Engendro o dia, mas a noite o engole.
Ofega o desespero como um fole.

ELEGIA DA CASA

(Rua Tomé de Sousa, 56)

Vão derrubar a casa.
Vão destruir a casa.
Antes que ela por si mesma se desabe,
se destrua.

Ah, contemplá-la agora, na distância
não só do espaço: do tempo.
1923. Belo Horizonte. Rua
Tomé de Sousa, 100. A solitária
casa no bairro incipiente
do Cruzeiro.
A solitária casa
de árvores e mato circundada.

De Mariana viera
a família do poeta, sem o poeta.
Quanta vez o menino

não meditou na súbita chegada
do ausente.
E se a porta se abrisse?
E se ele entrasse?
Tomé de Sousa, 100? Logo depois,
56.
Anos se foram rápidos,
e houve de tudo: casamentos,
festas, as natalinas
festas, que o menino reveria
mais tarde na alegria de seus filhos,
aniversários,
depois mortes e enterros,
depois o estrépito se mudando em grave
silêncio e expectação.

No quintal houve um dia a galinha cega.
O irmão, que dela se lembrou num conto,
foi o primeiro a ir: a Tenebrosa
o queria primeiro em seus domínios,
logo ele que a vida penetrava
com olhos ironicamente comovidos,
tentando reter, fixar não só a vida
dos homens e dos bichos,
dos racionais e irracionais, coitados!,
mas também o avanço da cidade
trepando nas colinas,
se plasmando.

Depois, outros se foram em meio ao mesmo
ruído de canções aniversárias,
doçura natalina.

E foi-se a mãe. E a casa viu que o tempo
ia (chuva invisível) desgastando
suas paredes,
caibros,
vigas,
almas.

E agora
sabe (o que foi menino), sabem (os que foram
meninos), os que restam,
que a casa é a única e dura realidade.
A única, implacável.

Mas também sabem
que há que derrubá-la antes que o tempo
por si mesmo se incumba de arreá-la
com os risos que guardou,
com os sofrimentos,
com os sustos e vigílias,
e horas de encantamento, de serões,
e a vida e a morte
escorrendo
dos telhados.
Mas há que derrubá-la antes que ela
por si mesma, num estrondo, se derrube.

Que importa o que vier, depois de ela
para sempre se ter ido?
Erga-se um arranha-céu onde ficou
sepultada
a familiar certeza do amanhã,
do improvável amanhã.
Erga-se um arranha-céu, venham outras vidas,

como veio outra cidade
onde dantes era apenas o sossego
da província,
a província de tropas e cincerros
conduzindo
lenha para os fogões insaciáveis.
A província dos ventos furiosos
do Acaba-Mundo,
se lacerando, uivantes, nas janelas.
A província que de súbito
se transformou no atropelo
dos dias fugitivos,
celeremente fugitivos.
Dias felizes? Infelizes? Dias.

Mas há que derrubá-la.
Pois deixem derrubá-la.
Com ela as árvores, o gramado, as flores.
Com ela o barracão onde o poeta
que hoje a contempla (da distância) teve
suas noites de vigília
no encalço da impassível,
da que mais se ocultava nas palavras
quanto mais a quisera subjugada.

Pois se há que derrubá-la,
que a derrubem.
E ninguém fique para ouvir o choro
inaudível das tábuas, das paredes,
dos ladrilhos da copa e da cozinha,
da grande sala onde a grande mesa
abrigou a família,
a que já viera de Mariana

e mais se foi multiplicando
na cidade que em outra se mudou
como os rostos também, e como as almas.
E ninguém fique para ouvir o grave
lamento dos tijolos e das telhas,
do portão que se abria para a noite,
para a estrelada noite do Cruzeiro.
Que ninguém fique, que ela a si mesma
se derrube, se destrua,
se recomponha num edifício imenso
e haja tão-somente
uma serena lágrima possível,
como por sobre a face dorida e quieta
dos mortos pousa um leve
meio sorriso, um vago
estremecer de luzes apagadas.

Rio de Janeiro, 5.10.1975

BALADA DOS MOÇOS DOS TEMPOS D'ANTANHO

Na Praça da Liberdade,
na liberdade das ruas
da madrugada, se iam
cinco amigos de verdade
confidenciando as suas
mágoas que desconheciam,
no aquário do mundo estranho.

Onde estão eles, moços d'antanho?

Otto Lara Resende, vindo
de São João del-Rei, dizia
que só mesmo a gente caindo
dentro da Igreja, pelo teto
de uma igreja, desabando
da nossa perplexidade na
paz de um porto supremo e quieto.

Otto, te banhas na Luz? Me banho?

Onde estão os moços d'antanho?

E Paulo Mendes Campos, referto
de poesia, Paulo grave, profundo
no jeito de quem não-está,
Paulo absorto em sombras, ferido
de um sentimento (seu) do mundo,
pairando acima do deserto
em que um poeta vai perdido
atrás de imaterial rebanho...

Onde estão os moços d'antanho?

Fernando Sabino que agitado
como a própria mocidade, trazia
méritos de atleta, e se encharcava
também do sumo da poesia,
Fernando todo alacridade,
Fernando todo claridade,
a mocidade transfigurava
no seu impulso de atleta-poeta,
de atleta-poeta convulsionado
empós de um reino fugaz, perplexo,

mais belo por mais desconexo,
no aquário do mundo estranho.

Onde estão os moços d'antanho?

Hélio Pellegrino, flamante,
movido ao impulso que arremetia
às águas fundas, ao diamante
dos diamantes (a poesia?),
Hélio sonhando, Hélio bradando
por uma vida além da vida
e suspirando e se agitando
na sua inquietação de moço
para quem tudo somente era
grande luz de invisível poço,
poço de Deus? da alma? clara,
luminosíssima cisterna
mal suspeitada e aberta para
a única manhã-manhã, e eterna.

Onde estão os moços d'antanho?

E o visionário conduzindo
na própria treva a perdição
do que simula ser tão lindo
e é mais que cinza e frustração,
ele, sonhando, ele, com amigos
indo nas ruas da cidade
como quem sabe que (já antigos)
os dias guardam uma saudade
que com o tempo será terrível
brasa tenaz, inconsumível,
na carne (na alma) maldito lanho...

Ei-lo a indagar, a sós, olhando
no que, já ido, ainda está vibrando:
Onde estão eles, moços d'antanho?
Onde estão moços do estranho antanho?

ENTRESSONHO

Ao longe um meio derruído albergue.
Eu ia andando e vendo no talvegue
correr um rio de sonoras flores.
Meus últimos silêncios, meus amores
últimos, iam sobre mim pairando
num oscilar de vento nos grotões.
Num oscilar. Foi justamente quando
a noite fez-se pelas solidões.
E eu me fui a buscar a que sumia,
suspirosa lembrança do meu dia.
E eu vi se esvanecendo nas distantes
colinas – sopro vago dos instantes –
as sombras que compõem minha vida,
tão minha, sim, tão minha e já perdida.

SONETO DAS PALAVRAS

Oh, as palavras que não foram ditas...
Que hoje latejam em nós como febris
sopros das solidões mais infinitas.
Que hoje somente o coração nos diz.

Diante de quantos foram sombra amada,
por que foi que eu calei quando devia
(perdido já na mais confusa estrada)
abrir-me como se abre em nós o dia?

A vida se compõe desses momentos
em que as palavras ardem. E calamos,
quando tudo era o estremecer que os ventos
deitavam sobre a noite em que nos vamos.

Como ainda aflige aquilo que eu não disse,
como se fosse um sol que só eu visse...

POEMAS ESPARSOS

INSCRIÇÃO

– Sou o décimo quarto filho
de um poeta.
Vim para este exílio
numa tarde quieta
de uma cidade morta.
– E agora, que te acalma?
– Ver fechar-se a última porta
sobre a última alma.

A HORA INAUGURAL

Resguardem, por favor, aquela hora única,
aquela hora casta,
única,
hora em que me reencontro,
hora em que me reconheço,
única,
em que tudo foi belo,
em que tudo se entregou como um entreabrir de portas
que dessem para o mundo
até então velado,

– casta,
única,
hora que em mim ficou, que eu preciso manter para
[sempre intocada,
como se dela,
dessa hora morta,
vivesse esta alma,
como se apenas ela
sustivesse essa imensa
esperança,
como se apenas dela
vivesse eu, que peço:
Resguardem, por favor, aquela hora,
aquela hora única,
em que tudo foi belo,
em que tudo foi belo,
estranhamente belo,
e casto,
inaugural...

DOS POEMAS

Não de vento os formei, mas do meu barro.
Não lhes dei sentimento, mas meu sangue.
Acolhe-os, pois, ainda que sejam turvo
rio a cruzar as terras que erigiste
no teu sonho maior, mesmo que sejam
somente um vago eco, um arfar penoso
de barro, solidão, de cinza e sangue.

O ENIGMA

Por que, na realidade,
quanto mais forte é a luz
me vem a estranha vontade
de fugir, de trobar clus?

Por que se tenho presente
um sol real, que mais brilha,
outro sol oculto e ausente
me cega e me maravilha?

No real, na irrealidade,
paira o espírito, buscando
grave fonte da verdade
que, tendo, inda está sonhando.

BIBLIOGRAFIA

Lume de estrelas (Prêmio de Literatura da Fundação Graça Aranha e Prêmio Olavo Bilac, da Academia Brasileira de Letras). Belo Horizonte: Edições Mensagem, 1940.

Poesias (*Sonetos da ausência* e *Nostalgia dos anjos*). Porto Alegre: Livraria Globo, 1946.

A cidade do sul. Belo Horizonte: Movimento Editorial Panorama, 1948.

O irmão (Prêmio Manuel Bandeira, do *Jornal de Letras*). Rio de Janeiro: Livraria Agir Editora, 1950.

O mito e o criador (Prêmio de Poesia Cidade de Belo Horizonte). Rio de Janeiro: Organizações Simões, 1954.

Sonetos com dedicatória. Rio de Janeiro: Ministério da Educação, 1956 (Coleção Cadernos de Cultura).

Poemas reunidos (Além dos livros anteriores, contém mais cinco até então inéditos: *O unigênito, Elegia de Guarapari, Uma rosa sobre o mármore, Cemitério de pescadores* e *Aqui*). Rio de Janeiro: José Olympio, 1960.

Antologia poética (1. e 2. edições. Contém, além de uma seleção dos livros anteriores, um inédito: *O habitante do dia*). Rio de Janeiro: Editora do Autor, 1963.

Novos poemas (*Transeunte* e *Ao oeste chegamos*). Brasília: Editora Dom Bosco, 1968.

Poemas da ante-hora. Belo Horizonte: Imprensa Oficial do Estado, 1971.

Absurda fábula (Prêmio Luísa Cláudio de Souza, do Pen Clube do Brasil). Rio de Janeiro: Artenova/MEC, 1973. (Contém os livros: *Transeunte, Poemas da ante-hora, Absurda fábula* e *Solilóquio do suposto atleta e outros poemas*.)

Água do tempo (Prêmio Literário Nacional). Rio de Janeiro/Brasília: Nova Aguilar/MEC, 1976. (Contém uma seleção dos livros anteriores, acrescida de um inédito: *Só a noite é que amanhece*.)

Discurso no deserto. Rio de Janeiro/Brasília: Cátedra/Instituto Nacional do Livro/Fundação Nacional Pró-Memória, 1982.

Nó (Prêmio Jabuti, da Câmara Brasileira do Livro). Rio de Janeiro: Record, 1984.

Luz de agora. Rio de Janeiro: Cátedra, 1991.

Todos os sonetos. Rio de Janeiro: Edições Galo Branco, 1996.

Poemas. Afonso Henriques Neto (org.). Rio de Janeiro: Sette Letras, 1998.

O tecelão do assombro. Rio de Janeiro: Sette Letras, 2000.

Só a noite é que amanhece (Poemas escolhidos e versos esparsos). Rio de Janeiro: Record, 2003.

BIOGRAFIA

Nascido em Mariana, Minas Gerais, em 3 de junho de 1918, *Alphonsus de Guimaraens Filho* é filho do poeta simbolista Alphonsus de Guimaraens e de D. Zenaide Silvina de Guimaraens. Fez em Belo Horizonte os cursos primário, no Grupo Escolar Barão do Rio Branco (1926-1929), secundário, no Ginásio Mineiro (1930-1934) e o superior, na Faculdade de Direito da Universidade de Minas Gerais (1936-1940). Ingressou no jornalismo, na capital mineira, em 1934. Exerceu em 1943 a função de Diretor Auxiliar da Rádio Inconfidência e, em 1946, interinamente, a de Diretor. Casou-se em 17 de julho de 1943, no Rio de Janeiro, com Hymirene de Souza Papi. Tem três filhos, Afonso Henriques Neto, Luiz Alphonsus e Dinah Guimaraens, e quatro netos, Mariana, Francisco, Domingos e Augusto. Assumiu o cargo de Oficial de Gabinete da Presidência da República em 1956 e em 1958 o de Adjunto de Procurador, hoje Subprocurador Geral, do Tribunal de Contas da União, aposentando-se em 1972. Morou em Brasília entre 1961 e 1972, regressando então ao Rio de Janeiro, onde faleceu em 28 de agosto de 2008.

ÍNDICE

Alphonsus de Guimaraens Filho 7

LUME DE ESTRELAS (1935-1939)

Que Luzes São Essas? 17
Poema do Príncipe ou do Louco 19

SONETOS DA AUSÊNCIA (1940-1943)

III. (Momento) 20
VII. Em meio aos gritos, quando a lua uiva 21
X. Era um rio de extensos arrepios 21
XXXIII. Onde estás já não sei. Senti bem perto ... 22

NOSTALGIA DOS ANJOS (1939-1944)

Rosa da Montanha 23
Mariana 28
Delírio 29

183

Cantiga de Praia 29
Canção da Moça do Lenço Azul 30

O UNIGÊNITO (1946-1947)

Canto de Natal 32
Ver-te, Senhor... 33

A CIDADE DO SUL (1944-1948)

Soneto do Trágico Navio 34
Agora 35
Anjos do Aleijadinho 36
Rosal de um Só Dia 37
Soraluna 38
A Moça e a Jarra 39
Do Azul, num Soneto 40
Lua Verde 41

O IRMÃO (1943-1949)

O Soneto da Capela de Sant´Ana 43
Se Visse por Acaso um Anjo 44
Junto ao Crucifixo 45
Testemunho 45
Oração de Cada Dia 48

O MITO E O CRIADOR (1945-1952)

Poesia e Origem 50
Os Cavalos de Fogo 51
Suspiros da Moça Peninsular 51
O Bosque Interior 52
Canção Andeja 55
Anoitecer na Lagoa 55
Nascituro 56
Paisagem (III) 57

ELEGIA DE GUARAPARI (1953)

I. É o mar que permanece – é sempre o mar 58
II. Pudessem minhas mãos abrir no grande mar 58
IV. Velejar para onde? 59
XII. Sinto-me dispersado 59

UMA ROSA SOBRE O MÁRMORE (1953)

I. Em Sant'Ana repousas, como um dia 61
II. Lá embaixo o Ribeirão do Carmo brilha 62
VII. Quando a pungente voz da poesia 62
XXVIII. E a catedral nas brumas aparece 63
XXIX. Em Sant'Ana repousas... Em Sant'Ana? 64

185

CEMITÉRIO DE PESCADORES (1954)

III. Tomé: um negro atarracado, de olhos esverdeados de marujo 65
V. Deles é o mar, apenas 66
VIII. Atira a tarrafa sobre as estrelas, Ciríaco! E solta as velas... 68
X. Quem é este que aqui dorme? 68
XVIII. Os epitáfios ingênuos 71

AQUI (1944-1960)

Como um Embalo 73
Cadeira de Dentista 73
As Luzes 74
Elegia para João Alphonsus 76
O Delfim 77
Os Ventos do Acaba-Mundo 77
Coração Teleguiado 79

O HABITANTE DO DIA (1959-1963)

De Onde Vem... 80

A Menina e o Dia 80
Na Mesa 81
Soneto dos Quarenta Anos 81
Retrato 82
Quando Eu disser Adeus... 83
Os Embarcadiços 83
Soneto Premonitório 84
Todos os Mortos 84

TRANSEUNTE (1963-1968)

Insônia 87
Os Parentes 88
A Vidraça 89
Viagem 90
Duras Coisas 90
Reunião 91
Flagrante Matinal de Altamirando Gonçalves 91
Eu, de Nome Fabrício Ceres 92
Flagrante Crepuscular de Plácido Muniz 93
Lembrança de Cândido Portinari 93
Manhã 95
O Dia 95

187

SOLILÓQUIO DO SUPOSTO ATLETA E OUTROS POEMAS (1963-1971)

Solilóquio do Suposto Atleta 97
O Rio 102
Súbita Elegia 106

AO OESTE CHEGAMOS (1962-1965)

Para o Oeste Seguimos 114
O Aeroporto 115
Lúcio Costa 116
Ao Oeste Chegamos 116
A Catedral 117
Lua de Brasília 118
Manhã em Brasília 120
Primeiro Romance de Brasília 121
Segunda Fala de Brasília 123
Rota 125

POEMAS DA ANTE-HORA (1967-1970)

Poema 127
Belo É o Mundo 127

Mostruário 128
Suspensão 129
Deus Dói em Mim 130
É Dia, Sim 131
Cerâmica de uma Alma... 131
Soneto da Permanência 132
Os Castiçais 133
O Diálogo 133
Súbito Soneto do Alcaide 134

ABSURDA FÁBULA (1969-1972)

Não Sei 135
De Repente, do Bolso 135
Sortilégio 136
Na Luz Absurda 136
Lunesia 136
Poética 137

SÓ A NOITE É QUE AMANHECE (1972-1975)

Coisas 138
Farelo 139

189

DISCURSO NO DESERTO (1975-1981)

Discurso no Deserto 140
Devorar 145
Já 146
Nestes Sonetos 147
Destroços 149
Viagem de Drummond 149
Recado 150
Nossa Morte 151

NÓ (1979-1981)

O Poeta e o Poema 153
Na Grande Sala a Pêndula 156
Soneto da Meditação 156
Soneto do Amor Fiel 157
Velem 158
Soneto Obsessivo 158
Deitas Teu Corpo em Flor 159

LUZ DE AGORA (1987-1990)

Poema Sonhado 160

Uma Noite Só Tua 160
Soneto 161
Máquinas 162

O TECELÃO DO ASSOMBRO (1975-1999)

Segundo Poema dos Oitenta Anos 163
Poema 164
Canção 164
Impasse 165
Elegia da Casa 165
Balada dos Moços dos Tempos d'Antanho 169
Entressonho 172
Soneto das Palavras 173

POEMAS ESPARSOS

Inscrição 174
A Hora Inaugural 174
Dos Poemas 175
O Enigma 176

Bibliografia 177

Biografia 181

GRÁFICA PAYM
Tel. (011) 4392-3344
paym@terra.com.br